東洋文庫 924

輶軒語

清朝科挙受験指南

張之洞 著
深澤一幸 訳注

平凡社

装幀　原　弘

目次

行を語る　第一……10

輶《ゆう》軒《けん》語《ご》

張《ちょう》之《し》洞《どう》 著

深《ふか》澤《ざわ》一《かず》幸《ゆき》 訳注

律令では、学政が試験を考察し終わると、諸生を講堂に集め、賞罰を行い、訓戒を垂れるよう規定するが、それを名づけて「発落《はつらく》」という。使者《わたし》（張之洞の自称。四川学政のような地方官は、皇帝が派遣した使者とされる）は巡行した先で、およそ士習の得失、文学の利病につき、知る限り詳説することを惜しまない。しかし時間には限りがあり、言い尽くすことはできない。かつ学生の多さは林のごとく、出席した者が同様に聞くことは不可能で、聞いた者がすべてを記憶することは不可能である。だから諸生のために言うべきことを挙げて、条分けし略説し、これを書物として書き記し、口説に代える。三篇に分かち、上篇は「行」を語り、中篇は「学」を語り、下篇は「文」を語る。その内容ははなはだ浅近だが、ときおり精深に及ぶ。そのわけは諸生の素質・学習が異なるからで、深いものは高材生のための勧奨であり、浅いものは学童のための訓戒である。要するにみな時勢をしっかり見極め、条理を分析し、明白で行いやすく、大言空論せず、わが心のままに語り、他の受け売りはひとつもない。

　使者《わたし》はかつてこう言った、「蜀中の士人は聡敏で解悟にいたり、善に向かい勝を好み、自己の見解に拘泥せず、鼓舞しやすいことは、他省よりはるかにまさる」と。望むところはこの言を耳栓[1]と見なさず、引きのばし大きくすれば[2]、将来の成就は必ず見るべきものがあるだろう。使者《わたし》はみずから思うには、資質も学問も中人をこえず、それに荒涼冷落が加わる。どうしてわが一人の知識が総合的で無欠なことがあろうか。とくに「官に在りては官を言う[3]、誼として多くは譲るなし」、というだけのことだ。

光緒元年（一八七五）月　日、提督四川学政（提学・学政とも略称する。四川省の科挙と教育を主管する官員で、「一省の学校・士習・文風を掌る」。学政になると、巡撫・総督と同一の品級で、正三品。任期は三年、その任期内に、省内の各州府を二度巡視する。一度目は歳考、二度目は科考）・侍読銜《じとうかん》（中央の侍読の資格をそのままもつ。同治十一年九月、同治帝の大婚典礼で、張氏は四章の楽章を編撰し、帝の賞識を受け、婚礼がおわると、侍読の銜を賜った）・翰林院編修たる南皮の張之洞書す〔本は発落語と名づける。[4] ある者がその名の質素なことを問題にしたので、揚子雲《ようしうん》[5]の書の「輶軒使者絶代語釈」の義を取り、蜀の使者たるおのれと合するところがあると思い、輶軒語と名づける〕。

行を語る　第一

士を教える道について、その重大な綱要は、世祖（順治）皇帝の臥碑八条、(6)聖祖（康熙）皇帝の聖諭十六条(7)に尽きており、およそ士林に属する者は、恭敬し遵守している。この外、先儒の教条・学規は、すべて書物になっており、あれこれ言う必要はない。ここでは今日の世風・本省の士習にとって切実なものを択んで言うことにする。

一、徳行は謹厚に

徳行については精深微妙なところまで語る必要はあるまい。心術が善良で険悪ならず、言行が誠実で巧詐ならず、挙動が落ち着いて軽薄ならず、家庭の事で訴訟を起こすことなく、邪僻の事で人に告発されることなく、人の良田美産をものにしようとしない。書院(8)に住み込む者は結党妄為しない。大場であろうと小場であろうと、(9)規則を守り、事を起こさない。貧者は教授に心を尽くし、富者は善行を楽しみ布施を好み、広く義学(10)を興し、金銭を寄付して書籍を多く買い、当地の書院に置く。これすなわち有徳なのである。

近ごろの風俗は、人心は日に日に薄っぺらくなっている。「厚」の一字は、とりわけ注意すべきである。

一、人品は高尚に

訴訟にかかわるな。役所に出入りするな。役人と交際するな。当州県局の事に参与するな。どうしてもやむを得ず局に入る者は、侵奪するな。書院・義学で教える者は、ただ飯を食らうな。功名を求める者は、つてを頼るな。試験場ではカンニングするな。武生(11)は帽頂《ぼうちょう》と往来してはならぬ〔蜀人は匪賊《ひぞく》を帽頂という〕。(さすれば)すなわち有品なのである。

一、立志は遠大に

生員になったからとて自足するな。文章がうまいからとて満足するな。立志は古しえを目標にし、流俗にしたがってはならぬ。「学」であろうと「行」であろうと、いつも古人と比較し、今人を見て気をゆるめてはならぬ。これを遠大という〔いつも読書し、いつも古人に向き合う、これすなわち古人と比較する法である。[12] いつも史事を看れば、胸襟はおのずと闊大になる。いつも古人の言行を見れば、志気はおのずと増長する〕。聖賢を志すのは、もとより遠大である。たとえ功名を立てたく思い、進取をはかるとしても、立志である。もし生員となって、極品と見なし、郷里で偉ぶり、細かいことに汲汲とするのは、下品なことよ。

一、気節を研ぎ澄ませ

士人が身を立て世を渡り、官にあって朝廷に立つ、いずれもみな気節を具えていなければならない。言うべきときは言い、行うべきときは行い、正義を持しておもねらず、それでこそ士たるに恥じないのである。「郷原」（『論語』陽貨篇に「徳の賊なり」という）村の偽善者の生き方は、世俗が喜び、聖人が憎むものである。しかし気節はにわかに出来あがるものでなく、かならず普段から養わねばならない。ただ不遇なときは、正義の士やおのれに益ある友と、名節・廉恥でもってたがいに激発しあっていれば、時間が経つにつれてますます堅固になるのである。

一、門を出て師を求めよ

辺鄙な田舎に蟄居《ちっきょ》して、おのれより優れた者に会わなければ、師無きのみならず、そもそも書さえ無い。（これでは）見聞がどうして広まろうか。志気がどうして激発されようか。古人は千里のかなたまで笈《きゅう》を背に旅立ったもの、どうして困難を畏れ苦労を辞すことができようか。もし一人の先生の言を守りつづければ、かならず俗陋《ぞくろう》が受けつがれ、伝われば伝わるほど誤ることになる。名師に会うのはもとより難しいが、益ある友は少なくない。もし虚心になれたなら、益ある友こそが師なのである。

一、経世済民を追求せよ

当世の周公・孔子の正しい教えを堅持し、国を利し民を利することとは、まさに士人の分相応のことである。宋の范文正《はんぶんせい》、(13) 明の孫文正《そんぶんせい》は、(14) どちらも身は諸生でありながら、志は天下にあった。国家が士を養うのは、どうしてただ文章を作れることだけを望んでのことだろうか。経術に通暁し、大義に明るく、史伝を考究し、利病を周知する、これが根底である。とりわけ本朝の掌故を討論し、現時の事勢を明察してこそ、経世済民に切実なのである。おもうに書を読まぬ者は俗吏であり、近きを見て遠くを見ない。時務を知らぬ者は陋儒《ろうじゅ》であり、言うだけで実行しない。たとえ大言正論があっても、みな「唐史」のそしる「高くして切ならず」の病い(15)を踏襲する〔本朝の書はきっと読者がとても多いだろうが、しかし「皇朝三通」「大清会典(16)」の類は、寒士は見るのが容易でない。もし「聖武記」「満漢名臣伝」「皇朝経世文編」「国朝先正事略(17)」の類ならば、坊間に多数あり、かならず寓目せねばならぬ。経世に志ある者は、求めて詳らかにすることを嫌がってはならぬ〕。

一、倹朴を習慣とせよ

四川省は人口が最も多く、民生が日に日に困窮しているのは、大いに心配すべきことだ。長官・吏卒の模範率先については、もとより別に施行がある。もし士林について論じれば、救済の道は、ただ節倹をつとめ行うという一策があるのみだ。かつてこう述べた、「一郷の風俗は、士類を手本とする。もし（士類が）率先して倹をたっとべば、郷里はかならず見て感じることがある。浮華はだんだん除かれ、生計は当然だんだんゆたかになる。都市の読書人は、とりわけ応酬や世故ばかり大事にすることを自戒せねばならない。たとえ将来昇進仕官しても、これをもって自持するよう望む。さすれば廉直無欲で、かならず政治の業績は観るべきものがあろう」と。

一、読書は成果の有ることを期せ

古人は士となれば、広く今古に通じ、徳が成り名が立つことを期すものだ。たとえ不遇でも、学を講じ書を著し、貧に安んじ道を楽しみ、飢えを癒すに足る。ただ道が有るので、楽しめるのである。今人で入塾し受験する者は多く、名は士と称されるけれども、師承は固陋、やったり止めたり定めなく、帖括《ちょうかつ》(18)のほかは、何も知らない。受験のための詩文も及第せず、無理やり郷試に参加して、合格を妄想する。疲れ果て老いが迫るようになって、方向を変えようとしても手遅れ、農工商賈はすべてわからず、貧窮で転び倒れ、元に戻るすべはなく、そこで道に外れた行いをすることになる。ひそかに願うのは、読書する者は精魂こめて発奮し、学べばかならず成果を求めるということにつとめてもらいたいこと。もし志向が堅固でないと自ら思うのであれば、早いうちにこの道を捨て去り、ほかの一業をものにするのがよい。(それなら)まだ生活を維持する助けとなるだろう。士という名を騙りながら、士の内実はなく、悠悠自適、平生を自ら誤るということのくれぐれもないように。

一、早くから筆を揮《ふる》い作文することを戒めよ

空きっ腹で無い物を捜したところで、苦労するだけで無益である。破承起講(19)、瑣末な故事で篇をつくっても、終身うまくならないのである。近ごろの風気は、やっと幼年になったばかり、「五経」(易経・書経・詩経・礼記・春秋)がまだ終わらないのに、無理やり時文《じぶん》(八股文《はっこぶん》のこと)を作らせる。その胸中はまだ千字ほどもないのに、どうして文辞をとやかくいえよう、まして義理をとやかくいえようか。作文をはじめて十年にもなるのに文理がまだ明順でない者にいつも出会うが、速くしようとして逆に遅くなるということでないか。多く読書し、多く古文を読み、多く時文を読み、精力が充実して余りある(20)、そこで筆を執らせれば、当然文章は観るべきものがあろう。すこし添削すれば、一年でもうすべての糸がきっちり織りあがる(ように文章ができる)だろう。甘いと苦しいとが懸絶しているのではあるまいか。

一、早くから受験することを戒めよ

英華を消滅させ、習気を増長させることは、最も忌むべきことである。俗な家庭教師は功績を現すために、寄寓先の主人を愚弄する。子弟は遊び楽しむために、その年寄りを馬鹿にする。

その説につき質問すると、「規則を学ぶ」という。そもそも試験場の規則は、みな不正を防ぐために設けられたもので、もし自分の心中の創成から出たものならば、（「漢書」趙充国伝にいう古代の書史小吏のように）手には嚢《ふくろ》を持ち髪に筆を挿して入り、答案をわたして出るだけのこと、規則を犯すすべはおのずと無い。どうして学ぶ必要があろうか。文芸を学ばずして旅に出て疲れ切ることを学ぶのか。これは「早くから筆を揮い作文すること」の一条と同じく、みな「論語」（先進篇）にいう「夫の人の子を賊《ぞく》す」る（人様の子をダメにする）者である。近ごろの学生が、天分の高明な者も小成どまり、資質が魯鈍な者は成果無しとなるのは、まさにこの病いのせいであり、いったいどれほどの人才をつぶしてきたことか。今ために疾呼痛罵したい。慈父良師が、おのおの警戒禁止すべきことなのである。

一、僥倖を戒めよ

功名の得失は、おのずと運命がある。幸いにしてこれを得ても、郷里が難癖をつければ、栄誉とするに足りない。威力でもって強制的に獲得しても、家産を使い果たせば、その失を償えない。不幸にして敗北し、首枷をはめられ刑に服したならば、その恥辱は甚大である。受験して栄誉を求めるのに、どうしてこんな手段を使うのか。使者《わたし》はこの手の輩についてはその野卑を深く憎み、とりわけその愚かさを憐れむ。もし志が一般の民衆と異なることを表したいならば、恒例のごとく財貨を納めても[21]、官階を一つ一つ昇り、官吏の衣服を着る栄誉を迎え、まだ公明正大だと感じる。どうして法網を犯して貧士と一生員を争う必要があろうか〔邪な考えをおこして他人の三世代を借り、後継ぎだと詐称する者は、実に理に悖《もと》り本を忘れること甚だしい。蜀中はこの弊害がかなり盛んで、武童（科挙で武科生員の試験を受ける者）がとりわけ甚だしい。この輩は教訓することができず、ただ官法で処分するしかない。また童試[22]には年がやっと五・六・十歳なのに八・九・十歳と出願する者が多くいて、運よく昇進することを願う。さすれば恩《おん》榜《ぼう》（科挙で正科以外の試験に合格したものの名簿）にあずかり、詞林（翰林院）にまで至り、愚昧の者を脅し、郷里の患いとなる。近年すでにこの事ははっきり見てとれる。これはとりわけ巧詐無頼で、カンニングなどの不正と異ならない。保証人はその責任を免れないのである〕。

一、やたらと保証することを戒めよ

替え玉受験の弊害は、四川省が最大である。廩生[23]を保証するのは、実に犯罪の頭目となるのであり、発覚すれば罷免される。利益あさりには限りがあるが、功名は限りがないのは、言うまでもないだろう。もし県全体の廩生が十二人で、一人あたり三回の替え玉を保証し、一回あたり三巻の答案を保証したならば、替え玉[24]の作はもう百篇に及ぶ。ましてやここでの替え玉は、一場でもなお数十人以上になる。学生定数はどれほどあるのか。童生はどんな希望を持てるのか。このようにして十年たてば、学校はすべて富家の子弟のもの、貧乏な士には一家一人の読書人もいなくなるだろう。廩保《りんほ》(25)となる者は自分の子弟が受験するときのことを考えていないのだろうか。これだけではないのである。人びとがみな読書しなければ、自分が家庭教師の場所を探し求めようとしても不可能であり、自ら憂いの種をまくことになるのでないか。廩生たる者に謹んで告げる、替え玉を保証しなければ、徳を修め善を積み、おのれ自身と子孫に福をもたらすことになるのである〔提学(26)はもっぱら寛大な政治を主とする者で、往往にして地方官に任ぜられ赴任した日に、やたら保証して罷免された者をもとにもどすことにし、禁令をただ文章だけと見なすことになる。使者《わたし》（提学でもある）は蜀（四川）の事を目撃し、現今の弊害を救うことにした。この孤寒の士たちの出口がないのを憐れみ、わが身が怨嗟の的になるのも憚らないのである〕。

一、訴訟好みを戒めよ

四川省の士林は、訴訟の風習が甚だ盛んである。瑣末なことで告発し、すでに非理である。甚だしきは中に立って利をむさぼり、訴訟の代理人となって(27)、儒冠をもっとも傷つける。あるいはもとより為すところ無く、意地になって怒り争い、他人を巻き添えにし紛糾させる者もいるが、とりわけ謂われなきものである。こう思わないのだろうか、敗者はもとより恥辱だが、勝者も法廷で審問を受けてくたくたになり、獄卒と一緒になる。これも何の栄誉だろうか。思うに百戦百勝も、戦争をやめて民が安んじるのに及ばない。百訟百勝も、争わないで人が服するのに及ばない。かつ訴訟は凶で終わるもの、これで富を招いた者を聞いたことがない。州県で官に着任したばかりのときは、往往にして（訴訟事務を取り仕切る）訟師を訪ね、多方にわたり逮捕処置し、仇敵を増やして、終《つい》には法網にかかる。どうしてわざわざこんなことをするのか。

一、あくせくと利を求めることを戒めよ(28)

これは天下の通病である。しかし志を立ててこれを戒めねばならない。まずこれを除き、それでやっと品行学問・経世済民を話せるのである。行いを堕落させ禁を犯すのは、これによることが多い。これを犯す者が弁解する理由として、ある者は「家が貧しい」といい、ある者は「親が老いている」という。渇き死んでも盗泉を飲まず(29)、親を祀るには必ず仁粟《じんぞく》を求める(30)、ということを知らないのか。どうしてこれを口実にできようか。貧寒の士が生計を立てるには、おのずと正道がある。ただ義を傷つけないものを択んでそれを為すだけのこと。薛文清《せつぶんせい》の言葉に、「学を為すには必ず先に生を治めよ」とある。(31)生を治めるには利を為すことを避けられないのでないかと疑う者もいるが、そうでないことを知らねばならぬ。学ぶ者が生を治める道は、徳を修め勤倹で、博学多能であるだけだ。このいくつかの善があれば、理として飢え凍えることはない。たとえ教授で口過ぎする者でも、もし学が優れ文がうまく、授業が誠実で、後進を育成し、報酬などを問題にしなければ、おのずと靴をつっかけたまま急ぎ争って迎えに来たり、礼物がつぎつぎに届くことになる。これを追求してゆけば、およそ他業に従事する者でも、まったく同様なのである。どうして人を害して自分を利し、邪行をなし罪を犯して、この人世に生きることがあろうか。

一、著書や刊行を軽軽しく言うを戒めよ

士は今日に生まれたなら、典籍はぎっしり備わっており、ただ読書するべきのみ。読むことすら尽くせず、名もことごとくは知らない。どうして著書など言う暇があろうか。四部九流(四部は、経・史・子・集。九流は、儒・道・法・陰陽・農・名・墨・縦横・雑の各家)、各種の学問につき、専門家の書物は、すでに煙霧にかすむ大海のごとく、たとえ国朝の人についてみても、すでに尽くすことは難しい。今人がたまたま得るところがあっても、とっくに先人に言及されており、甚だしきはずっと前に先人に唾棄され訂正されているのである。それでもまだ喜んでそれを書物に書き記すのか。経学はとりわけ著述を軽言できない。いたずらに通人に叱られるだけである。かならず専門の学に精通し、専門の書を読みつくし、先人の外に出る所見

を本当に得てこそ、はじめて執筆できる。詩文集のごときは、古人の名家があまりにも多く、当世の識者も少なくない。末学の下士は根底もなく、工夫も少ない。詩文創作を学ぶのはかまわないが、刊行して世に出すなどと軽言してはならぬのである。

一、講学で誤って迷路に入ることを戒めよ

近年四川省の陋習は、扶《ふ》箕《き》[32]の風が大いに盛んなことである〔「説文」は「尚書」の「稽疑」を引いて字は「卟」とする[33]。しかし今日の扶箕の字（乩）ではない〕。その術をなす者は、理学・釈老・方伎を一つに合わせる。昨日省都（成都）にいると、一士がおのれの著書を持参して来たが、「陰騭文」・「感応篇[34]」・世俗道流のいわゆる「九皇経」「覚世経[35]」と「大学」「中庸[36]」をごちゃ混ぜに引いてあって、突然性理を言うかと思えば、突然易道を言い出し、突然神霊果報を言うかと思えば、突然丹鼎符《たんていふ》籙《ろく》を言い出し、卑俗猥雑、病狂人のようである。これは大いに人心風俗の害をなすもので、すぐさま痛罵して払い去らねばならない。理に明るい士は急いで猛省するがよかろう、これは俗語のいわゆる「魔道」で、釈・老の二氏とも無関係であることを知るべきだと[37]。

ここでの悪者には聖諭を宣講するとかこつける者がいて、実は上項の行為のごとく、名は是で実は非だが、官吏も村長もあからさまには禁止できず、とりわけ狡猾で心配の種である。

士人は科挙に合格して功名を得たいと切に望み、往往にして喜んで「陰騭文」「感応篇」の二書を語る。二書の主意は庸愚の人を勧化することにあり、もとより天下にとって悪いわけではない。しかし二書の言うところにも、また重要な端緒や任務がある。今世俗がこの二書を奉じたならば、ただその末節砕事にのみ汲汲とする。その心の用いようはまことに怪しむべきである。儒者にはおのずと人に善を教える「十三経《じゅうさんきょう》」（南宋に形成された「易経」「書経」「詩経」「周礼《しゅらい》」「儀礼《ぎらい》」「礼記《らいき》」「春秋左氏伝」「春秋公羊《くよう》伝」「春秋穀梁《こくりょう》伝」「論語」「孟子」「孝経」「爾《じ》雅《が》」）があり、どうして詳細でないと言えようか。もし身体もて力《つと》め行い、人の守るべき道を踏み外さず、すべての事に忠厚正直であることができれば、おのずと道を行って福がある。どうして他道や近道をさらに求める必要があろうか。

一、才子・名士をもって自任することを戒めよ

文学の道は、まず誠実を大事にする。世間には聡明・浮薄の人がいて、浅薄な詩数首を作れ、人の知らぬ書の数語をほぼ覚えると、傲慢不遜、偏執で人と協調せず、才子・名士だと自任して、世間に笑われるのみならず、一たびこの気習に染まると、終身にわたり道に入ることができない「たとえば明の桑悦《そうえつ》・徐渭《じょい》(38)は、病狂人、陳継儒《ちんけいじゅ》・金人瑞《きんじんずい》(39)は、俗陋人であり、その行為は見習うほどでないのである」。そもそも高陽の才子(40)・諸葛の名士(41)は、いったいどういう人物なの

か、小人でありながらその位置に居座り、世俗に嫌棄され、才子・名士を極めて憎むべき人物と見なされるまでになった。その立派な名前にまで累が及び、深く憎むべきである〔「説文」に「才は、草木の初め也」とあり、「材」と通じ、もとは草木の質について言う。(42)舜のあげた十六族(43)は、徳あり用あること良材・美器のごとく、ゆえにこれを才子という。舜の流した四族(44)は、同類を破り物を害すること悪木・毒草のごとく、ゆえにこれを不才子という。後世はただ文に巧みな者を才子とするが、本来の意味をまったく失っているのである。「月令」の「名士を聘し、賢者に礼す」につき、「正義」は蔡中郎（後漢の蔡邕）の説を引いていうには、「名士なる者は、徳行が貞絶にして、道術が通明なるを謂う。賢者は、名士の次なり。(45)」その推崇することはこのようだった。近世はただ世渡りする遊客と見なすのみ〕。

一、アヘンを吸引するを戒めよ

世間で人を害する物で、これより酷いものはない。この事は古今にわたる奇変であり、常情常理でもって論じることのできぬものなのである。生命を傷つけ財産を減らし、事業を廃し志気を損じ、種種の流弊は、言い尽くすに忍びない。しかし、これを吸っても暖かくもならず腹も満たされず、甘くもなく芳しくもないのに、世を挙げてこれに奔走するのは、まことに蓼食《たで》う虫が苦いものを食らうようだ。とりわけ怪異とするに足ることは、人はほかの邪僻の事で煩ったら、たとえ心変わりはしなくとも、中止することがある。ただこの事になると、一たびその中に落ち込んだら、おぼれたまま返らない。親族や知人の忠告も阻止することができず、良い処方も上薬も試すことを承知しない。日日熱心にはげみ、死して後已むのだ。ああ。春の素晴らしい景色を幽暗な地下世界に抛り投げ、白昼を長夜に変える。富者は極貧に転じ、志士は廃人となる。君子は始めを慎まねばならぬ⑯、（手遅れになって）ほぞを噛むことのないように。これはもとより士人だけが戒むべきことではないが、しかし士人がこれをやれば、大成昇進をどうして望めようか。定例では、職官・功名ある人および営兵は吸引を許さない。書を読み理に明るい士は、上は朝廷の規則を遵守し、下は生命を惜しまねばならない。志士・仁人の、遠大ならんと務める者にいたっては、誡告するまでもなかろう。

学を語る　第二

学をなす道は、どうして列挙できようか。根底となる努力は、さらに寥寥《りょうりょう》たる数行で述べつくせるものでない。ここは初学の有志のために簡略にそれを言うもので、階梯の階梯、門径の門径である。

一、経に通じよ

経を読むには全本を読むのがよい

「周礼」（周の周公旦の著で、礼法・礼儀につき記載・解釈する。後漢の鄭玄《じょうげん》の注釈がある）、「礼記」（「小戴《しょうたい》礼記」とも称され、漢の礼学者戴聖《たいせい》の編。先秦の礼制を述べる）「春秋左氏伝」、

（春秋の左《さ》丘明《きゅうめい》の著とされたが、戦国の人の編。叙事が完備した編年体史書）は、絶対に節略してはならない。たとえ魯鈍な者でも全本を買わねばならない。その上に乙の鉤かっこを書き付ける[47]と、後日でもなお検索して寓目することができる。さもなければ、終身にわたってこの経は何巻あるかわからないのである。

経を解釈するにはまず字を識るのがよい〔字書・韻書の学で、経学者はこれを小学という〕

これはわたし一人の私言ではなく、国朝の諸先生の言である。字には形があり、形は一つではない。一古文、二籀文《ちゅうぶん》、三小篆、四八分《はっぷん》、五隷書、六真書[48]、あい依りつつ変化していった。字には声があり、声は一つではない。三代の音があり、漢・魏の音があり、六朝から唐にいたる音がある。字には義があり、義は一つではない。本義があり、引伸義があり、通借義がある。形・声がよくわからず、訓詁に暗ければ、経典がいかなる言語なのかどうしてわかろうか。どうすれば音・義を審定できるのか。かならず小篆を識り、「説文《せつもん》」（「書目答問」経部小学類に「説文解字十五巻、漢の許慎《きょしん》。宋の徐鉉《じょげん》が校定附字す。……孫本が最善、陳本が最便」とある）に通じ、「爾雅」（「書目答問」経部列朝経注経説経本考証類に「爾雅漢注三巻、臧庸の輯」とある。爾雅の意味は正に近いということで、戦国時代に各省の官話に近い言葉を集めたものとされる）に習熟せねばならない〔「五雅」（もとは「爾雅」「釈名《しゃくみょう》」「広雅《こうが》」「埤雅《ひが》」「小爾雅」五部の小学訓詁書）、「玉篇」、「広韻」は、すべて参考するのがよい〕。俗な教師はその一を知って、その二を知らず、その末を知って、その源を知らず、その臆説を逞しゅうして、寝言のようなものにすぎない。この事はとても難しく、字書を開けばわかるものではないのである〔「説文」の字部は検索が難しい。近人の毛謨《もうぼ》の「説文検字」、黎永椿《れいえいちゅん》の「説文通検」[49]は、初学にはかなり便利であり、黎書がやや勝る[50]〕。

「方言」「釈名」「小爾雅」〔「漢書」芸文志の「小雅」の元書ではない。しかし漢儒の作である[51]〕「広雅」と、「通雅」をもって「埤雅[52]」に易え、〔「通雅」は、明の方以智の作〕、「五雅」と名づける。

「説文」は、初看では無味乾燥だが、一二《いちに》理解すると、妙趣無窮だと感じる。国朝では「説文」を講じた書はとても多いが、段玉裁《だんぎょくさい》の「説文解字注」〔「書目答問」経部小学類に「説文解字段氏注三十巻」とある〕が最も善い。段注は繁博なので、まず徐鉉注の「説文解字」を看るのがよい〔「許氏説文」と俗称する。その書はやや簡約で、成都に版本がある〕。

経を読むには音読を正しくするのがよい（別のテクストでは、ここに「音韻の源流を論ずるは、「文を語る」篇「誤まりて通韻を押す」条下に詳しい」という小注がある）

古代の中国全土では言語が異なっていたが、詩を誦し書を読むときはみな正しい読音だった。だから太史公（司馬遷）は「言は雅馴ならず、薦紳は言い難し」といい[53]、班孟堅（班固）は、「読みは応に爾雅なるべき古語」といった[54]のだ。これでわかる、雅とは、正なのである。近世は、一つには方言音に乱され、一つには俗な教師に間違わされている。句読離合、文義の関係にいたっては、とりわけ音読の雅正を明らかに講じねばならない。頼るべきものとしては唐の陸徳明の「経典釈文《けいてんしやくもん》」〔「書目答問」経部列朝経注経説経本考証類に、「経典釈文三十巻、考証三十巻、唐の陸徳明の釈文、盧文弨《ろぶんしよう》の考証」とある〕の書がある。その中には魏・晋・南北朝諸家の音釈をすべて採集し、異なるものはどちらも残し、各本の経文で異なるものは表出してある。これは学ぶ者がみずから家法に照らし、善いものを択んで従うにまかせているのだが、けっきょくはこの書の外に出ず、つまり本有る学としてよい〔「釈文」は以前は二つの版本があった。今の武昌局の刻本は、盧校本（清の盧文弨の「考証」）を用いて翻彫してあり、清朗看るべく、成都にも新刻（成都局繙本、附孟子音義）がある〕。[55]

経伝中の語はこの一字を同じくするが、平と仄とに区分され、音読は多岐にわたり、その結果、韻書は数部でみな収録し、異同の区別は、次第に曖昧になった。これはみな六朝時の学究で本源に達せず、通変をわかっていない者が為したことである〔本源とは形・声、通変とは転注・仮借〕。これを六書（漢字の組み立てに関する六つの法則で、象形・指事・形声・会意・転注・仮借）の義ではかれば、通じ難いものが実に多い。だから「顔氏家訓」がすでにその端を発し、[56]「経典釈文」叙録がその失を直撃し、[57]近代の通儒がとりわけ周到に糾弾しているのである。とくに初学の者が諷誦するときは、区分を示さず、おのおのが方言音を駆使し、統一するすべがないことになる。かつ義は音にしたがって別れ、理解・識〔記憶である〕が容易である。律体の詩賦（定められた格律を持つ律詩・律賦。音律・押韻・対偶が厳格に規定され、唐宋以来の科挙に採用された）が一たび出ると、融通がいっそう困難になった。これこそが時に因り宜しきを制する道である。またこの一字を同じくするが、あるいはすこし変形して解釈・訓詁が異なってしまい、点画は同じなのに訓釈がおのおの異なることになった。訓は教師によって異なり、事は訓によって変わる。おのおのは受けた教えを尊重し、分岐する説がいよいよ多くなった。しかしまさにこの経本の異文・異読・異義がバラバラで矛盾することを頼りとして、古義を考究できるのである。学ぶ者は博通してから、音・義の両端において本源をうかがい、通借をおのずと覚《さと》る。まずその分を知って後にその合を知るのであり、段階を飛び越えてはならない［この二条は略説ではあるけれども、かなり深い意味がある。小学家の字書・韻書の大旨はほぼ述べてあり、通材の者は詳しく調べよ(58)］。

漢学を講じるのがよい(59)

漢学とは何か。漢人が経を注し経を講じた説なのである。経とは漢人が伝えたものであり、注とは漢人が創作したものである。義には師承があり、語には根拠がある。古しえからは最も近く、古書を多く見ており、古字を識り古語に通じる能力がある。だから必ず漢学を本と為してそれを推究闡明《すいきゆうせんめい》してこそ、合が生まれるのである。以後の諸儒の伝・注には、その義理精粋にして漢人を補正するに足るものが少なくない。要するに、宋人はみな注疏を熟読した人であり、だから推究発明できたのである〔朱子は貢挙で経を治めることを論じて、「諸家の説を討論し、おのおの家法を立て、皆な注疏を主とするのがよい」云々と謂う。(60)たとえば南宋の魏鶴山《ぎかくざん》（魏了翁《ぎりようおう》、字は華父、号は鶴山、邛州《きよう》蒲江県の人。蜀学の集大成者）のような理学家、葉石林《ようせきりん》（葉夢得《ようぼうとく》、字は少蘊、号は石林居士、蘇州呉県の人。南宋の重要詞人）のような詞章家は、みな注疏に爛熟しており、その他はわかるだろう〕。もし本源を知らなければ、たとえ宋儒の書を読んでも、理解できないのである。現今の学官（学の官舎で、学校を指す）が頒布する「十三経注疏」(61)は、すべてが漢人の著作でないとしても、注疏の言うところは漢学である〔国朝の江藩には「漢学師承記」（「書目答問」経部列朝経注経説経本考証類に「国朝漢学師承記八巻、附経師経義目録一巻、江藩。原刻本。粤雅堂本」とある）があり、読まねばならない。阮元《げんげん》の「経籍纂詁《せんこ》」（同上に「経籍纂詁二百一十六巻、阮元。揚州原刻本。経を以って主と為す。故に此こに列す」とある）は、訓詁最重要の書である〕。

漢学で必要なことは二つ、一つは音読・訓詁、一つは事実の考据である。音訓が明らかになれば、この字が何語であるか、はじめてわかる。考据が確かであれば、この物が何物であるか、この事が何事であるか、この人がどんな人であるか、はじめてわかる。その後で、聖賢のこの言がいかなる意義であるか、わかるのである。さもなければ、空談臆説、望文生義であり、あるいは理があったとしても、いわゆる「郢書燕説《えいしよえんせつ》」にすぎない。経の本旨には関係ないのである。たとえば晋の人が楚の人と語りあうときに、その方言が通じなければ、相手の意中の事をどうしてわかろうか。相手の姓氏・住所を尋ねなければ、その人の品行がいかなるものか、どうして判断できようか〔漢人の説にも誤謬疎漏がもちろんある。漢学とは、漢人の法を用いて、漢人の意を会得することなのである〕。

「十三経注疏」および相台岳氏本「五経」〔江蘇・貴州はかつて殿本に依り再翻刻した本があり、成都には到着したばかりである〕は、みな古注である〔「書目答問」経部正経正注類には「相台岳氏本古注五経、宋の岳珂の校刻。……江南繙刻本、貴陽繙刻本、広州繙刻本、成都繙刻本」とある〕〔「易」は、王弼《おうひつ》・韓康伯《かんこうはく》の注。「書」は、孔安国の伝。「詩」は、鄭康成の注。「春秋左伝」は、杜預《どよ》の集解。「礼記」は、鄭康成の注〕。明制に沿って通行する「五経」は、みな宋・元の注である〔「易」は、朱子の「（周易）本義」（十二巻）、程（頤）の「（伊川易）伝」（四巻）。「書」は、蔡沈の「（書集）伝」（六巻）。「詩」は、朱子の「（詩）集伝」（二十巻）。「春秋」は、旧くは胡（安国）の「（春秋）伝」（三十巻）を用いたが、今は廃し、やはり「左伝」杜注を用いる。「礼記」は、陳澔《ちんこう》の「（礼記）集説」（三十巻）〕。これこそ正経正注である。「御纂七経」[62]は、歴代の伝・説を集めて裁定したものである。

国朝人の経学書を読むのがよい

経の言葉はただ漢人だけが理解でき、漢儒の言葉はただ国朝の通儒だけがあまねく理解できる。なぜなのか。国朝の大儒は書を多く読み、書をそのまま記憶し、書を細かく校正し、古書を読むことを好むも、古本を軽々しく改めず、古説に軽々しく反駁せず、善く思い善く悟り、善く参照校正し、善く比較し、善く真偽を区別する。だからその経学は千古の冠たるのである。書は多いが、「皇清経解《こうせいけいかい》」[63]を大本とする。すべてを収録しているのではないけれども、すでに大体は入っている。この書は一千巻余りもあり、何種から読みはじめるべきなのか。まず郝疏の「爾雅」（「書目答問」経部列朝経注経説経本考証類に「爾雅義疏二十巻、郝懿行《かくいこう》。孫の郝聯薇《かくれんび》の校刻足本。沔陽《べんよう》の陸氏刻本・学海堂本は皆な未だ足ならず。郝は邵〈晋涵の「爾雅正義」〉に勝る」とある）、段注の「説文」、「経義述聞」（同上に「経義述聞三十二巻、王引之。自刻本。江西刻本。学海堂本は只だ二十八巻のみ」）三種を読みなさい〔この書は校勘が精審で値段が安く、一挙にして数十百種の書が手に入り、これより簡便な方法はない。急に注疏を読むのは、我慢できないことであり、だからかならず国朝人の経説を先に読むのである〕。学海堂輯刻の「皇清経解」が完成してから、続いて出た著作がまだ多いが、先に出ていたもので未見・未収の著作も少なくない。がこの書でもって例解すればよい。通志堂刻の「経解」[64]は、巻軸は豊富だが、精華は多くない〔その中での精品は別刻本が多いが、李衡の「周易義海撮要」（同上に「周易義海撮要十二巻、宋の李衡。納蘭性徳《ならんせいとく》編刻通志堂経解本。広州書局重刻通志堂経解本」とある）、敖《ごう》継公《けいこう》の「儀礼集説」、衛湜《えいしょく》の「礼記集説」（同上に「礼記集説一百六十巻、宋の衛湜。通志堂本」とある）は、別刻本がない〕。徐東海（徐乾学《けんがく》、字は原一、号は健庵、江蘇昆山の人）が初刻を出したときには、何義門（何焯《かしゃく》、字は屺瞻《きせん》、号は茶仙、尊号は義門先生、江蘇長洲の人。「通志堂経解」を校正したといわれ、「通志堂経解目録」一巻がある）に誇られたが（別のテクストでは、ここに「方望渓は之を刪《けず》り、甚だ微詞有り」とある）、それは学海堂刻の「（皇清）経解」とははるかに隔たっている。もし経を治めるのにこれから着手すれば、年月を重ねても尽くせず、得るところも限りがある。ただに徒労であるのみならず、茫然として師法なく、だんだん迷妄に至るのである。もしこの道の源流・派別についてきちんと整理できたなら、それから取り出して読んでも、晩《おそ》くはないだろう。

一経を専門に治めるのがよい

「十三経」はどうしてすべてに通じることができようか。一経に精通するのでさえ、すでに容易でない。歴代の経師・大儒は、だいたい一経で名をあげた者が多く、群経に通じる者は、古今でただ数人のみ。今はまず一経を治め、それからその他に及べばよい。しかしやはり諸経を参考し、群籍を博捜してこそ、はじめてこの一経に通じることができる。さもなければ、この一経も通じることはできないのである。

経を治めるには順序を決めるのがよい

先師の旌徳《せいとく》の呂文節《りょぶんせつ》(65)はわたしに教えて曰われた、「注疏の成果を用いたいのなら、まず「毛詩」を読み、つぎに「三礼」に及び、それから他経に及べばよい」と。その説は至って精緻であり、その意味あいを申し述べたい。思うに「詩」「礼」の両端は人事に最も切にして、義理は他経よりも明らか、訓詁は他経よりも詳しい。その中で名・物を言うが、学ぶ者が到達できるかどうかは、はっきりとしてわかりやすい。かつ「四経」はみな鄭玄の元注で、完全無欠である。「詩」は毛伝で、純粋に前漢の経師の遺文であり、いっそう得がたく、古訓に通じたいのなら、とりわけこれが重要である〔古人の訓詁は、ざっと読めば情理に合わないようで、ここで疑問が氷釈するわけでなく、経の解釈はけっきょく隔靴掻痒だと感じる〕。「礼」の条目はかなり多く、巻帙も巨大で、初学は困難を畏れる。「詩」の義は比と興とがどちらもわかり、性霊を開発するというもので、鄭箋は礼制に多く言及する。この経に通じてからは、礼学について道を尋ね探求することは、おのずと止められない。「詩」「礼」がどちらも明らかになって、はじめて他経に着手できるのである。

「書」は政事をいい、「春秋」は名分をいう。典礼がすでに行われて、その後で政事・名分が言及できるのである〔「尚書」家の伏生《ふくせい》（漢の伏勝）、「左伝」家の賈生《かせい》（漢の賈逵）、「公羊」家の董膠西《とうこうせい》（漢の董仲舒）・何劭公《かしょうこう》（漢の何休）は、みな礼学に精通していた。その書を考察すればわかる〕。「易」は深微をいい、語は簡素で文は古く、訓詁・礼制は他経では精だが、「易」では粗である。いわゆる至精とは、陰陽の変化生滅にあるが、しかしその粗なるものを得なければ、その精なるものに遇うすべはない〔これは姚姫伝（清の姚鼐《ようだい》）が古文を学ぶ法を論じたもの[66]だが、それを援用して「易」を治める法とする。精なるものは出会えはするが穿鑿はできない。

穿鑿すれば妄であるのだ」。

「三礼」の中では、「儀礼」「礼記」を先にし、「周礼」を次にする。「儀礼」は、句はこま切れだが字は確実、難読だが理解でき、覚えにくいがわかりやすく、注家は最も少なく、異説は多くない。都合のいいことに「礼記」の一書は外伝である〔「礼記」は「儀礼」より難しい。「儀礼」はただ十七件の事だけだが、「礼記」の事は多いのである。特にその文が通達しているだけである〕。「周礼」は門類がやや多く、事理はさらに博大であり、漢人の説をなす者も少なく、〔晩く出たため〕だからやや難しい。しかし鄭注および国朝人のまばらな解説でもすでに明白になっている。

「尚書」は辞義が古いうえに、隷書・古書で伝写し、通借あり訛誤あり、漢初から今文〔漢の伏生が口述した「今文尚書」二十八篇〕・古文〔魯の恭王が孔子の故宅の壁中から発見した「古文尚書」〕両家の異文岐読があった〔これは本当の古文を謂うのであり、蔡〔沈の書集〕伝の云う「今文は無く、古文は有り」の古文ではないのである〕。西晋になって梅氏の古文が晩出し〔予章内史の梅賾《ばいさく》が朝廷に献上した「今文尚書」三十三篇、偽「古文尚書」二十五篇〕、唐初は偽孔伝が専行し〔前漢の孔安国の撰になる「尚書伝」は、実は魏晋時の人の偽造だったが、唐初の孔穎達らによる「尚書正義」ではこの偽孔伝を主として注疏をつけた〕〔六朝の江南で盛行し、まだ一尊に定まらなかった〕、そして漢代の今文・古文両家の経伝は一時どちらも絶え、だからとりわけ通じ難い。

「春秋」は聖人の治世の大権であり、微文隠義、もともと同家の人の言語ではない〔「史記」はそれを明言する〕(67)。「三伝」が並立し、旨趣はそれぞれ異なる。「公羊」家の師説は末流が多いけれども、かなり牽強附会に渉り、何注もまた奥朴である。「左伝」は立説が最も晩く、漢人の師説は寥寥たる有様、ただ杜注（晋の杜預の注）のみ世に行われている。世人はその事が博く辞に富むので、伝を求めて経を求めない。だから「公羊」家は理は密だが事は疏、「左伝」家は事は詳しいが理は略なのである〔左氏を謂うのではなく、左氏を治める者を謂うにすぎない〕。「穀梁」の師説は久しく微少で〔「隋書」経籍志に見える〕、国朝人の治める者も少ない。学ぶ者は「春秋」においては、もしどの事からも聖人の心がわかると思うのならば、それはそう簡単ではない。

「周易」にいたっては、天・人を通貫し、四聖〔「漢書」芸文志では、三聖、つまり伏羲・周の文王・孔子となっている〕によって完成したものであり、理としては後聖をまってはじめてすっかり明らかにできるのであり、京（房）・孟（喜）・虞（翻）・鄭（玄）の諸大師および後代の諸家は、みなただそれぞれが得たことをいうだけで、それぞれに見解があり〔原文は「見仁見智」。「周易」繋辞伝上に「仁者は之を見て之を仁と謂い、智者は之を見て之を智と謂う」とある〕、これまで一人として的解・定論を出せなかったのは、勢いがそうさせるのである。かつ陰陽は形がなく、たとえ誤謬・妄説でも、その非を正せる者はいない。ゆえに通じる者は少ないけれども注する者は最も多く、図を広げ象を比べ、意のままに騒ぎ立てる。いわゆる犬馬を描くのは鬼神を描くよりも難しい(68)という類いである。

要するに、「詩」「礼」は理解でき、「尚書」の文・「春秋」の義は、すべて理解できるわけではなく、「周易」は通儒が一生かけて探索しても、けっきょくわかることは少なくてわからないことが多い。だから経を治める順序は、近くから遠くへ及び、顕らかなものから微かなものに通じる。こうするのが便利で、やや実効がある〔蜀の士は「易」を好んで語り、ややもすれば書を著すが、絶対に駄目である。切に自戒すべきだ〕。尹吉甫《いんきつぽ》の詩に曰う、「古訓に是れ式《のっと》り、威儀に是れ力《つと》む」と〔「詩経」大雅「蒸民」〕。古訓は、「詩」学である。威儀は、「礼」学である。これが古人の学をなす方法である〔春秋時代を考えてみると、「詩」を誦し「礼」を学ぶことの無い者はほとんどいない。「尚書」を称揚する者はすでにやや少ない。「周易」にいたっては、卜筮のほかは、語る者が多くない。思うにまた三代の時「易」は学童に教えておらず、太史が主掌していたこともわかる。今幸いにも「繋辞」〔「周易」繋辞伝〕があり、あるいは一斑を窺えるかもしれない〕。

この経に精通しなければ、あの経は読まないというのではない。浅く明白なものがまだわからなければ、深奥なものには妄りに穿鑿を加えたり、臆見を無暗《むやみ》に発揮したりする必要はないというのである。経理解の糸口がもう見つかったからには、各自が性の近いところにあわせて、深く追求し精に至ればよいのである。「詩」「礼」を治めるには「三経」を兼ねなくてもよいが、「三経」を治めるにはかならず「詩」「礼」を参照しなければならない。

経を治めるには大義に通じることが大事だ(69)

どの経の中にもみな大義数十百条があり、研究し明らかにし、会通貫通してこそ、はじめて有益となる。もしただ文に随って訓解するだけで、心得が何もなければ、やはり通じたとはいえないのである。

考拠はもちろん重要だが、しかし義理に関係するものはかならず博く考え詳しく弁じ、明らかになるまで続けるべきである。もし些細な事体が咄嗟には定められなければ、しばらく旧説に依り、徒《いたず》らに時日を費やす必要はない。

一、史を読め

正史を読むのがよい

「史記」（一百三十巻）「漢書」（一百二十巻）「後漢書」（一百二十巻）「三国志」（六十五巻）「晋書」（一百三十巻）「宋書」（一百巻）「斉書」（五十九巻）「梁書」（五十六巻）「陳書」（三十六巻）「魏書」（一百一十四巻）「北斉書」（五十巻）「周書」（五十巻）「隋書」（八十五巻）「南史」（八十巻）「北史」（一百巻）「旧唐書《くとうじょ》」（二百巻）「新唐書」（二百二十五巻）「旧五代史」（一百五

十巻）「新五代史」（七十四巻）「宋史」（四百九十六巻）「遼史」（一百十六巻）「金史」（一百三十五巻）「元史」（二百一十巻）「明史」（三百三十六巻）、この二十四部を正史とする。およそ古人の事実を引用し根拠とするには、まず正史を依拠とし、それから別史・雑史に及ぶ。ただ坊本の節略された「綱鑑《こうかん》」(70)を看るだけでは、史学とはいえない。

唐の劉知幾《りゅうちき》の「史通」（内篇三十九篇、外篇十三篇からなり、史書の体例や編纂方法を評論し、史籍の源流や前人修史の得失を論述する）は、最も史学の枢要であり、かならず先に読まねばならない。国朝の万斯同《ばんしどう》の「歴代史表」（「書目答問」史部正史類に「五十九巻、……原刻足本、初印本は末六巻を少《か》く」とある、沈炳震《しんへいしん》の「廿一史四譜」（同上に「五十四巻……海寧査氏刻本」とある）、李《り》兆洛《ちょうらく》の「紀元編」「歴代地理今釈」（同上に「歴代紀元編三巻、江寧官本。粤雅堂本。此の書は最も便なり」、「歴代地理志韻編今釈二十巻、江寧官本。此の書は最も便なり」とある）、王鳴盛《おうめいせい》の「十七史商権」（同上に「一百巻、……原刻本」とある）、趙翼《ちょうよく》の「廿二史箚記」（同上に「三十六巻、……原刻本」とある）、銭大昕《せんたいきん》の「廿二史考異」（同上に「一百巻、……潜研堂本。李《り》貽《い》徳《とく》の「十七史考異」は未刊」とある）は、みな史を読む者の不可欠の書である。

正史の中ではまず「四史」を読むのがよい

正史全体は浩繁であり、何から説き起こすか。「四史」が最も重要である〔「史記」（漢の司馬遷）「漢書」（後漢の班固）「後漢書」（梁の范曄、晋の司馬彪）「三国志」（晋の陳寿）〕。四史の中では、「史記」「漢書」がとりわけ重要である。その重要性はどうなのか。その高いところを語れば、経義を証明し、〔古典・古言・古字が多い〕史法に通じる〔諸史の義例は、みな司馬遷・班固にもとづく〕。その低いところを語れば、古来の詞章は、駢文であろうと散文であろうと、およそ雅詞麗藻の大半は、みなその中から出たものであり、その文章の美しさは、言うまでもない。

諸史の中での体例・文筆は、高下があるけれども、その実用に有益なところは、軽重の別がまったくない。思うに一朝にはおのずと一朝の事跡・一朝の典制があり、上下はつけられない。かつ時代が近ければ近いほどますます切実な用があり、「四史」の外は高閣に束ねておいてよいというのではない。「四史」の外は、「新五代史」がもっともよく、義例は正大で、文辞は和雅である〔その粗忽なところは、先人がすでに言及している。「新唐書」の「志」も欧陽脩の作である〕。「欽定明史」は、体例が最も精密である。

「通鑑」を読むのがよい

史学は順序をおって徐々になさねばならず、また年月を重ねなければならない。もし歴朝の大勢を知りたいのであれば、「資治通鑑《しじつがん》」（「書目答問」史部編年類に「二百九十四巻、宋の司馬光。元の胡三省の音注。胡克家の仿元本。武昌局の繙胡本。戦国より五代に至る」とある）及び「続通鑑」〔国朝の畢沅《ひつげん》の撰であり、宋・元・明人の続編を指すのでない〕（同上に「続資治通鑑三百二十巻、畢沅。原刻蘇州補印本。宋元明人の続通鑑は甚だ多きも、此れ有らば皆な廃す可し」とある）が一番だ。「通鑑」はおそらくまだ貫通していないかもしれず、「通鑑紀事本末《つがんきじほんまつ》」（「書目答問」史部紀事本末類に「四十二巻、宋の袁枢。……王延年の「補通鑑紀事本末」は已に進呈するも、未まだ伝本を見ず」とある）、宋元明の紀事本末（同上に「宋史紀事本末二十六巻、明の陳邦瞻」「元史紀事本末四巻、同上」「明史紀事本末八十巻、谷応泰」とある）を併読するのがよい〔温公はみずから「通鑑目録」を作り（「書目答問」史部編年類に「三十巻、同上（司馬光）。蘇州局繙宋本。体は表譜の若《ごと》く、以って通鑑を尋検するに便なり」とある）、簡便で検索しやすい。金陵局刻〕。

「通考」を読むのがよい

「三通」は併称されるが、しかし「通志」（「書目答問」史部政書類に「二百巻、宋の鄭樵《ていしょう》」）は二十略（氏族・六書・七音・天文・地理・都邑・礼・謚・器服・楽・職官・選挙・刑法・食貨・芸文・校讎・図譜・金石・災祥・草木昆虫）以外は、みな読まなくてもよい。二十略の中でも、多くは依拠できない。「通典」（同上に「二百巻、唐の杜佑」とある。内容は食貨・選挙・職官・礼・楽・兵・刑法・州郡・辺防の九典）はとても精密で、古書・古礼を多く保存している〔経学にとってとても有益である〕。もし意向が経世済民にあるなら、「文献通考」（同上に「三百四十八巻、元の馬端臨《ばたんりん》」とある。その内容は田賦・銭幣・戸口・職役・征権・市糴《してき》・土貢・

国用・選挙・学校・職官・郊社・宗廟・王礼・楽・兵・刑・輿地・四裔の十九門）が一番だ。詳博総貫、とりわけ使用に便利だ。資産が中等の者はもしその巻帙の繁重に苦しむならば、坊刻に「文献通考詳節」の一書があり（清の厳虞《げんぐ》惇《じゅん》の録。もとの「通考」の十九門に経籍・帝系・封建・象緯・物異を加えて二十四門とする。乾隆二十九年、厳有禧縄武堂刊本）、まず瀏覧《りゅうらん》し、ほぼ頭緒を得て、それからこれをもとに進路をきめてもよいだろう。

史学も一種に専ら精通するのがよい

覧《み》ることは博なるべしといえども、精熟を求めたいのならば、専攻することも大事だ。しかし一二種に精熟できれば十分である。隋の劉臻《りゅうしん》は（前後の）両「漢書」に精通していたので、人は「漢聖」と称した。宋の范祖禹《はんそう》は唐の事に精熟し、「唐鑑《とうがん》」を著したので、人は「唐鑑公」と称した。国初の馬驌《ばしゅく》は三代の事に精熟し、「繹史」を著したので、人は「馬三代」と称した。これは古人が史学をなす方法である。蘇文忠（宋の蘇軾）には史を読むとき「八面に敵を受ける法」があった。事跡・典制・文章の諸門は、一度読むごとに、もっぱら一端を追求しても、効果があるのだという(71)。

史を読むには表・志を読むのがよい〔「欽定遼金元三史国語解」[72]は、この三史を読む者にとって最も重要だ〕

史を作るには志を作るのが最も難しく、史を読むには志を読むのが最も重要で、三代の典章・制度はみなその中にある。もしただ列伝数篇を読むだけならば、史学にとって何にもならない〔三史以外には、「隋書」経籍志・「新唐書」地理志・「明史」暦志がみな重要だ〕。表も史家の肝心なところで、歳月の誤りを訂正し、かねて本紀・列伝の欠を補うことができる〔簡質でそっけなく、人の見たくないもの。まず大体を見て、使用時に検索せよ〕。

史を読むには古人の賢愚・古事の得失を妄《みだ》りに議論するな

事実が詳確ならば、善悪はおのずとわかる。首尾が貫通していれば、得失はわかる。もし年月を詳らかにせず、地理を考えず、制度を明らかにせず、時勢を計らず、妄論苛求し、やたらと褒貶を持ち出せば、誤謬顛倒、いたずらに後人の嘲笑を招くだけである。史を読む者は事跡・古人の作用言論を詳考し、盛衰の起伏・政治の沿革・時勢の軽重・風気の変遷を推し求めることが大事で、それでこそ人の神智を増やし、事に遇えば手段を講じることができるのである。古人はもういないのだ。どうして後人がそのために訴訟を審理するような真似をせねばならぬのか〔胡致堂[73]の史論は、法にはできない〕。

史を読むには文章を批評するな

明人の悪習は、「史記」「漢書」でただその文だけを論じるのみならず、たとえ「周礼」「（春秋）三伝」「孟子」でも、時文を評点する方法で批評する。愚劣にも経を侮ること、これより酷いことはなく、痛切に自戒すべきである。「史記」「漢書」の作文法・文筆は、もとより研し摸倣すべきだが、しかし後生俗士の管見俚語で、公然と書物の端に書き示すのは、絶対に駄目である〔書物の端にはただ校勘・考証の語だけを書きつけるしかない。もし作文法を討論するところがあれば、ただ別紙に記すしかない。諸子を読むのも同じである〕。

一、諸子を読め

子を読むのは経に通じるためである〔子でもって経を証明するのは、漢の王仲任（王充、「論衡」を著した）がすでにこの意味を発揮している〕

子が経にとって有益なことは三つ、一つは事実を佐証する。一つは諸経の偽文・逸文を補証する。一つは古訓・古音韻にも通じる。しかしこれは周・秦の諸子について言うのである。漢・魏のものもかなりこの益があり、その義理にいたっては偏駁を免れないけれども、経義に合して発明しあうことが多く、その真偽を弁別し、その玉石を区別すれば、それでよいのである。唐以後の子部の書はもっとも雑で、同一時点で比較することができない。

子を読むには訓詁を求め、古注を看るのがよい

諸子の道徳・学術は同じでなく、体制はおのおの別であるが、しかしこれを読むにも方法がある。はじめにはまず訓詁を求め、確実に理解できるようにし、絶対にその文を空論し、その理を臆測してはならない〔たとえば俗本の「荘子因」「楚辞灯」「管子評注」(74)の類は、もっとも有害である〕。たとえば「荘子」の寓言は、その事は架空のものが多いといえようが、その文字・名物にいたっては、やはり明確に理解でき、文意は順通である。どうして書を著し後世に伝えるのに、わざとその語をわかるようなわからないような意味にする者がいようか。経学家の実事求是の方法で子を読めば、その益は無限である。たいてい天地間の人情・物理は、下のかた猥雑瑣末の事にいたるまで、経・史に尽くせないものは、子部にはすべてある。その妙趣は、経・史に比べると、とりわけ人を引きつける。だから子を読まなければ、瓦礫・糟粕も至道にほかならぬことがわからない。子を読まなければ、文章の面目が変化百出し、その広がりは測りがたいことがわからないのである〔今人は古文を学んで古文とするが、唐・宋の大家は諸子を学んで古文とした。これが古文家の秘訣である〕。これ子の人に有益なことは、また内外ともに経・史の外にあるものがあるのである。

子を読むには叢書を買うのがよい

諸子の重要なものは、国朝人に校刻した善本が多い〔多くは叢書中にある〕。そのまだ及ばないものは、明人にも仿宋重刻の単行本が多い。ただバラバラとこれを求めたなら、たとえ五都（五方の都会で、繁盛している都市をいう）の市場でも、年月を重ねてやっと完備できる有様、いったい何日《いつ》になったらそれを読むのか。学ぶ者のために計るに、ただ叢書を多く買うという一法があるだけで、一叢書を購入すれば数種あるいは数十種が備わり、その単行の精本はゆっくり手に入れればよかろう。明刻の叢書はきわめていい加減で、脱誤はもちろん、その勝手に刪改《さんかい》するのが最大の害である。しかし陶淵明の語を聞いたことがないか、「情を慰むるは聊か無きに勝る」(75)と。

明刻で「漢魏叢書」〔およそ四刻のあとは、出版がいよいよ多くなった。刻は好くないが、得やすい〕（「書目答問」叢書目に「漢魏叢書、明の程栄は三十八種を刻し、何允中は七十六種を刻す。国朝の王謨は八十六種を刻し、又た広げて九十四種と為す。編校は善からず」とある）のごときは、子部の大集成である〔「津逮秘書《しんたいひしょ》」（同上に「明の毛晋」とあり、すべて十五集一百四十五種、汲古閣本）は、古伝記がとても多い。購入できる力がある者は所蔵せねばならない〕。その他には「四子」（明の張登雲の輯で、同上にも「中都四子」とあり、「老子」「荘子」「管子」「淮南子」を収む）「六子」（明の許宗魯の輯で、「老子」「列子」「荘子」「荀子」「揚子」「文中子」を収む）「十一子」〔同上に「周秦十一子」とあり、明の秦駰らの編。「老子」「孔子」「列子」「荘子」「墨子」「孟子」「荀子」「管子」「晏子」「韓非子」「呂氏春秋」を収む〕「二十子」〔明の呉勉学の輯で、同上にも「呉刻二十子、崇徳堂二十子」とあり、「老子」「文子」「関尹子」「列子」「荘子」「司馬子」「管子」「晏子春秋」「孫子」「呉子」「鬼谷子」「黄石公素書」「韓非子」「商子」「荀子」「揚子法言」「譚子化書」「淮南子」「呂氏春秋」「文中子」を収む〕の属があり、みな坊間にあるものだ。この外はとても繁雑で〔「彙刻書目[76]」がつぶさに記載する〕、今はみな見なくなってきた〔「品彙」「秘笈[77]」は、刪本で、好くない〕。近時の刻本では「十子全書[78]」〔この書名はとても陋劣だが、しかしどこにもあって価格も安い。中には善本があり、かつみな旧注である。ただ批評の語が下品だ。「荀子」謝（墉）の校、「淮南子」荘（逵吉）の校、「荘子」に付した釈文は、みな好い〕があり、通行していて得やすい。国朝人の叢書にいたっては、おおむねみな精好で、二孫〔星衍・馮翼〕〔同上に「平津館叢書、孫星衍」とあり、四十六種、嘉慶間原刻本、また「岱南閣叢書、孫星衍」とあり、十六種、嘉慶間刻本、また「問経堂叢書、孫馮翼。彙刻書目は未だ尽くさず」とあり、印本には十八種と二十七種の二類あり〕、孔〔継涵〕〔同上に「微波榭遺書、孔継涵」とあり、八種、家刻本〕、二盧〔見曽・文弨〕〔同上に「雅雨堂叢書、盧見曽」とあり、十三種、乾隆二十一年刻本、また「抱経堂叢書、盧文弨」とあり、十六種、原刻本〕、畢〔沅〕〔同上に「経訓堂叢書、畢沅《ひつげん》」とあり、二十三種、乾隆四十八年霊巌山館刻本〕、黄〔丕烈〕〔同上に「士礼居叢書、黄丕烈」とあり、十九種、嘉慶二十三年刻本〕の諸家はとりわけ優れる〔聚珍版の書も叢書類〔同上に「武英殿聚珍版書、通行する者は一百三十八種、続出する者は尚お多し。福州重刻は三十九種」とある）で、まま古子がある〕。ただその叢書の体例は同じでもなく専門でもなく、子部はあるいはただ一二種のみ〔「戴氏遺書」（同上に「戴震。未だ尽くさず」とあり、十八種、乾隆丁卯微波榭刻本）、「郝氏遺書」（同上に「郝懿行。未だ尽くさず」とあり、同治四年郝聯徽重刻本は三十種で、懿行の父培元、妻の王照円の著す所の書もその中に附刻されている）、「孔巽《そん》軒所著書」（同上に「巽軒所著書、孔広森」とあり、七種、嘉慶丁丑孔氏儀鄭堂刻本）は、なんと一人が著したもので、しかも中には注解・古伝記がある〕。しかしその中には精校本・精注本・足本・孤本がある。学ぶ者は市場を訪れたとき、叢書に出会えばその目録を調べればよく、古籍の多いものは、ぜったい逃してはならない〔坊刊の「秘書廿八種[79]」は、粗悪で人を誤るもの、看てはならない」（別のテクストでは、この後に「国朝の刻せる「稗海」「学津討原」は、六朝より宋に至る史部子部の書多きも、但だ古字多し」とある）。

一、古人の文集を読め

古集を読むには体要を知るのがよい

およそ集中に奏議・考弁・記伝が有り、その文字中に実事があるものは、詳細に読まねばならない〔往来の書簡中に実事のあるもの、書籍刊行の序文で縁起を詳しく載せるものは、同様である〕。その他の架空の論を立て、風景ばかり（で時事に及ばぬ）の作は、気に留める必要はない[80]。

詞章家は専集を読むのがよい

古人が別集と名づけ、俗に専集と称するものは、全集を取り寄せて読んでこそ、はじめてその面目を得ることができる。一集は数十百巻あり、すべて精美なわけがない。しかしかならずその傷病のところを見てこそ、その独到のところを知るのである。中材の者が古集を学習するとして、どうしてすべてを読み切れようか。ただもっとも有名な諸大家を択んでざっと読み、自性の好むもの二《に》三《さん》家を取って熟読玩味すればよいのである〔漢魏の人の専集は有限で、明の張溥が漢魏の百三名家を集めている（「書目答問」集部総集類に「漢魏六朝百三家集一百一十八巻、明の張溥編。重刻本。明の汪士賢の刻す「漢魏六朝二十名家集」は張の前に在り」とある）。もし何とか購入できれば、やはり尋ね求める手間がはぶけるだろう〕。

詩の名家で最も輝かしい者は、六朝の陸（機。「書目答問」集部別集類に「陸士衡集十巻、晋の陸機」とある）・陶（潜。同上に「陶淵明文集十巻、晋の陶潜」などとある）・謝（朓。同上に「謝宣城集五巻、斉の謝朓」とある。なお、「答問」には謝霊運の条はない）・鮑（照。同上に「鮑参軍集十巻、宋の鮑照」とある）・庾《ゆ》（信《しん》。同上に「庾子山集注十六巻、周の庾信。倪璠の注」とある）、唐の李（白。同上に「李太白集三十巻、唐の李白」などとある）・杜（甫。同上に「杜詩詳注二十五巻附編二巻、唐の杜甫。仇兆鰲《きゅうちょうごう》の注」などとある）・韓（愈。同上に「重刻東雅堂韓昌黎集四十巻外集十巻附点勘、唐の韓愈。宋の廖瑩中の輯注」などとある）・白（居易。同上に「白氏長慶集七十一巻、唐の白居易」などとある）、宋の蘇（軾。同上に「東坡七集一百一十一巻、宋の蘇軾」などとある）・黄（庭堅。同上に「山谷内集三十巻外集十四巻別集二十巻詞一巻簡尺二巻年譜三巻、宋の黄庭堅」などとある）・陸（游。同上に「渭南文集五十巻逸稿二巻剣南詩稿八十五巻、陸游」とある）、金の元〔好問〕（同上に「遺山集四十巻附録一巻、金の元好問」などとある）、明の高〔啓〕（同上に「青邱詩集注十八巻附鳧藻《ふそう》集五巻、明の高啓。金檀の注」とある）・李〔夢陽〕（同上に「空同集六十六巻、明の李夢陽。明刻本。今多く詩集単行す」とある）、国初の呉〔偉業〕（同上に「梅村集四十巻、呉偉業」などとある）。

またたとえば唐の四傑（同上に「初唐四傑集、唐の王勃・楊炯《ようけい》・盧照鄰《ろしょうりん》・駱賓王《らくひんおう》。通行本。王子安集十六巻。盈川集十巻。盧昇之集七巻附録一巻。駱丞集四巻」などとある）・王（維。同上に「王右丞集注二十八巻、唐の王維。趙殿成の注」とある）・孟（浩然。同上に「孟襄陽集三巻、唐の孟浩然」とある）・韋（応物。同上に「韋蘇州集十巻、唐の韋応物」とある）・柳（宗元。同上に「柳集四十五巻龍城録二巻外集二巻附録二巻集伝一巻、唐の柳宗元」などとある）・高（適）・岑《しん》（参《しん》。同上に「唐の詩家、高適・岑参の類の如き、文家、李華・蕭穎士の類の如きは、今単行本無し。全唐詩文中に詳し」とある）・銭（起。同上に「銭考功集十巻、唐の銭起」とある）・劉

〔長卿。同上に「劉随州集十巻補遺一巻、唐の劉長卿」とある〕・孟〔郊〕〔同上に「孟東野集十巻、唐の孟郊」とある〕・張〔籍〕〔同上に「張司業集八巻拾遺一巻附録一巻、唐の張籍」とある〕・李〔商隠〕〔同上に「玉谿生詩詳注三巻、唐の李商隠。馮浩の注」などとある〕・杜〔牧〕〔同上に「樊川文集注二十巻外集一巻別集一巻、唐の杜牧。馮集梧の注」とある〕、宋の欧〔陽修。同上に「文忠集一百五十三巻坿録五巻、宋の欧陽修」とある〕・梅《ばい》〔堯臣《ぎょうしん》。同上に「宛陵集六十巻附録五巻、宋の梅堯臣」とある〕・王〔安石〕〔同上に「臨川集一百巻、宋の王安石」などとある〕・范〔成大。同上に「石湖詩集三十四巻、宋の范成大」とある〕、元の虞〔集。同上に「道園学古録五十巻、元の虞集」とある〕・楊〔載。同上に「楊仲宏詩八巻、元の楊載」とある〕・呉〔萊。同上に「淵穎集十二巻附録一巻、元の呉萊」とある〕、明の何〔景明〕〔同上に「大復集三十八巻、明の何景明」とある〕・王〔世貞〕〔同上に「弇《えん》州山人四部稿一百七十四巻続稿二百七巻、明の王世貞」とある〕・李〔攀龍〕〔同上に「滄溟《そうめい》集三十巻附録一巻、明の李攀龍」とある〕・徐〔禎卿〕〔同上に「辺貢の「華泉集」・徐禎卿の「迪功集」・高叔嗣の「蘇門集」……は、皆な明詩家の最も著なる者にして、刻本は有るも常には見ず、並びに「盛明百家詩」内に収む。辺・徐・高の三家は、王士禎に選刻本有り」とある〕・楊〔慎〕〔同上に「升庵全集八十一巻外集一百巻遺集　巻、明の楊慎」とある〕、国初の施〔閏章〕〔同上に「学余堂文集二十八巻詩集五十巻外集二巻、施閏章」とある〕・王〔士禎〕〔同上に「帯経堂集九十二巻、王士禎」などとある〕・朱《しゅ》〔彝尊《いそん》〕〔同上に「曝書亭集八十巻附録一巻、朱彝尊」などとある〕・査〔慎行〕〔同上に「敬業堂集五十巻、査慎行」とある）も、はなはだ特出している〔詩家はあまりにも多く、ここは簡略に言った〕。

　古文は世に称される八家（唐の韓愈・柳宗元、宋の欧陽修・王安石・曽鞏《そうきょう》〈同上に「元豊類藁五十巻、宋の曽鞏」とある〉・蘇洵〈同上に「蘇老泉先生集二十巻坿録二巻、宋の蘇洵」とある〉・蘇軾・蘇轍〈同上に「欒城集五十巻後集二十四巻弟三集十巻応詔集十二巻、宋の蘇轍」とある〉）以外には、唐の元〔結〕（同上に「元次山集十二巻、唐の元結」とある）・陸〔贄《し》。対偶は多いけれども、四六駢儷体の名に限ることはできない〕（「書目答問」史部詔令奏議類に「陸宣公奏議二十二巻、唐の陸贄。通行本。旧は翰苑集と題するも、実は翰苑集の元書に非ず。衆に従い奏議と題す」とある）・劉〔禹錫〕（「書目答問」集部別集類に「劉賓客文集三十巻外集十巻、唐の劉禹錫」とある）・孫〔樵《しょう》〕（同上に「孫可之集十巻、唐の孫樵」とある）・李〔翺《こう》〕（同上に「李文公集十八巻、唐の李翺」とある）、宋の宋〔祁《き》〕（同上に「宋景文集六十二巻補遺二巻附録一巻、宋の宋祁」とある）・張〔耒《らい》〕（同上に「柯山集五十巻、宋の張耒」とある）・葉《よう》〔適《てき》〕（同上に「水心集二十九巻、宋の葉適」とある）、元の姚〔燧〕（同上に「牧菴文集三十六巻、元の姚燧」とある）、明の王〔守仁〕（同上に「王文成全書三十八巻、明の王守仁」とある）・帰〔有光〕（同上に「震川文集三十巻別集十巻、明の帰有光」とある）、国朝の方〔苞〕（同上に「望渓文集十八巻集外文十巻補遺二巻年譜二巻、方苞」とある）・姚〔鼐〕（同上に「惜抱軒文集十六巻、後集十巻、詩十巻、姚鼐」とある）・惲〔敬〕（同上に「大雲山房初集八巻、言事二巻、二集四巻、惲敬」とある）・魏〔源〕（「古微堂集内集三巻外集七巻〈十巻〉」とあるべきだが、「書目答問」にはない）の諸家は、みな一覧するのがよい（別のテクストでは、ここに「此れは専ら散文を論ず。故に略ぼ数家を挙ぐ。余は前条に詳し」という小注がある）。

詩文の一道は、おのおの面目があり、おのおの意境がある。大家というのは、気体がやや大きく、到達がやや深く、能力がやや多いだけである。もし大家が古今の長所を兼ねているというならば、これは衆集を見ていない者の誤った説である。杜甫や韓愈といえども、どうして詩文の能事を尽くすことができようか。

「文選」[81]は全本を読むのがよい

爛熟するのはもとよりよいが、たとえ優れたものを択んで読むにしても、机上には常に一編を置いておくのがよい。坊刻の「文選集腋」（上下二巻、清の胥斌《しょひん》の纂輯。王化・王業・王運などに細かく配列する。嘉慶二十一年聚錦書屋刻本、また道光三年問渠書屋刻本）の属のごときは、誤脱瑣末で、首尾が備わらず、これをもとに拾い集めて文に入れても、無益有害である〔胡刻が精密で、葉刻も精密だ[82]〕。

「文選」を読むには注を看るのがよい〔李善の注が最も精博で、引用も古書が多く、ただに典故を多く記すのみならず、経・史・小学の校訂においても、みな資料にできる。五臣（唐の呂延済・劉良・張銑・呂向・李周翰）の注は善くない〕。

「文選」を学ぶにはその体裁・筆調・句法を学ぶべきで、いたずらに難字を書き写すばかりではいけない[83]。

選本は善いものを択ぶのがよい

選本は「御選唐宋詩醇」「(御選唐宋)文醇[84]」が最も精粋である。かつその書は簡約で購入しやすく、殿本の五色評点のものを手に入れればとりわけ視野が広がる。この外、文は国朝の姚鼐の「古文辞類纂」(「書目答問」集部総集類に「四十八巻、姚鼐編。興県康氏刻小字本、又た大字本。蘇州局繙康本」とある)がもっとも善本である。その体例が明らか、評点が精妙、校訂が詳審だからである〔この道で深さを求める者は、「古文苑」(同上に「二十一巻、宋の章樵の注」とある)「唐文粋」(同上に「一百巻、宋の姚鉉の編」とある)を読むのがよい。宋・元・明から国朝まで、この名目の選本が、各おの一部あるようだ。余力があれば博渉してもよいだろう〕。詩選は唐から今まで、あるいは各おの一派を示し、あるいは各おの一体を選び、あるいは多くもとめて備わることを取り、名目は実に繁雑で、いまだに通義を評定したものはない。郭茂倩の「楽府詩集」(同上に「一百巻、宋の郭茂倩の編。乾隆刻本。武昌局本」とある)のごときは、本源と流れがともにある。「全唐詩録」(同上に「一百巻、徐倬の編。通行本」とある)「宋詩鈔」(同上に「一百六巻、呉之振の編。通行本」とある)は、まだ繁重ではなく、偏りもない。さらにその次を思えば、「采菽堂古詩選」(同上に「三十八巻、補遺四巻、陳祚明の編。通行本」とある)・沈選の「五詩別裁[85]」で、古い型にはまってはいるが、平正で悪道に入っていない(別のテクストでは、ここに「唐・明・国朝は、沈選。宋・元は、張選」という小注がある）。かつ寒士は購入しやすく、詩を学ぶ手引きにできる。もし詩文で一家をなしたいのならば、けっきょくは博覧するのがよく、ただ選本だけを頼りにしても無益である。

姚選（「古文辞類纂」）の版本は京師（北京）に現存するが〔江南で翻刻する〕、もし外地で得るのが困難ならば、やはり各選本中でその篇幅がやや多くて博大な文字が多数のものを見て読むのがよい〔たとえば「古文雅正」（十四巻、清の蔡世遠の編。漢から元までの二百三十六篇を収む）「続古文雅正」（十四巻、清の林有希の編）「唐宋十大家」（「書目答問」集部総集類に「唐宋十大家文集五十一巻、儲欣の編。八家の外、李翺・孫樵を増す」とある）「元明十大家」（同上に「元明十大家文集、国朝人の編」とあり、虞集・掲傒斯・楊士奇・王守仁・帰有光・唐順之・王慎中・艾南英ほか二名を収める）「儲選七種」（清の儲同人の編選。春秋左氏伝・公羊伝・穀梁伝・国語・戦国策ほか二種の選本。乾隆刻本。嘉慶十八年静遠堂刻本）「古文眉詮」（七十九巻、清の浦起龍の編）の類。林西仲の選本（林雲銘、字は西仲、の編する「古文析義」）は好くない〕。「（古文）観止」（十二巻、清の呉楚材・呉調侯の編。東周から明までの二百二十二篇を収む）「（古文）釈義」（八巻。清の余誠、上元〈南京江寧〉の人、の編。先秦から明までの百四十七篇を収む。乾隆八年刊）のごときは、あまりにも浅陋で、用いることはない。

一、読書を通論する

書を読むには善本を求めるのがよい

善本とは紙が白い、版が新しいという意味でなく、それは先輩の通人が古刻数本を用いて精細に校勘し刊行した、誤りなく欠けてもいない本であるという意味である。これには一つ簡便な方法があり、初学が書を購入するとき、ただその序を見て、本朝で重ねて校刻して密行細字・写刻精工なものであればそれでよい。

善本の意味は三つある。一は足本、二は精本〔一は精校、一は精注〕、三は旧本〔一は旧刻、一は旧抄〕。

書を読むには博くするのがよい

先には博く後には約《し》める、とは、「論語」「孟子」の通義である。いかなる学問であろうと、まずは多見多聞せねばならず、それから心得のことになる。もし坊本の講章(86)一部・兎園冊子(87)数帙を固守して、知を致し理を窮め（「礼記」大学に「其の意を誠にせんと欲する者は、先に其の知を致す。知を致すは物を格《いた》すに在り」とあり、「易経」説卦伝に「理を窮め性を尽くし、以って命に至る」とある)、学を好み文を能くする(五代の馮道の伝にある)というならば、世にそんな道理はない[88]。

天下の書は、老いて死ぬまで読んでも読み切れない〔「四庫全書」には未収のものがあり、「四庫全書」が完成してから訪ね出したものがあり、近人の著作がある〕。博くする道はどのようなものか。曰く、「要領を得るのみ」と〔太史公曰く、「儒家者流は、博くして要寡《すくな》し」と(「史記」太史公自序に「博くして要寡く、労して功少なし」とある)〕。古書は理解しなければならず〔真のものは少ないが、真の古書は無用のものはない〕、有用の書は読まなければならず〔古今を限らない〕、専門の書は詳考貫通せねばならない〔どういう学問をすると志を立てる、この類の書がつまり専門である〕。こうすれば、究極の果てがあるのである。経を治める者のごときは、雑覧苦思して、その根拠とするのは偽書・俗本が多い。史を読む者は、その詞語をおぼえて史法をさとらず、異聞を多く捜して、本事の始末は通考したことがない。詞章をなす者は、かなり僻典難字をつかうが流別は不明、華語富艶だが字義は雅訓に合わず、引用はただ類書に頼って本源を求めない。経世済民を講じる者は、当代の掌故に通じず、口は立て板に水のごとく流暢で、万言を書き下すけれども、やはり卑陋である。この数弊を払いのけられる、これこそが博なのである〔目に未見の書があり、文に稀見の語がなくても、博としてかまわない〕。

書を読むには門径のあるのがよい

濫読して帰着がなければ、終身にわたって得ることがない〔多くても無用〕。門を見つけて入れば、事は半分で功は倍である。あるいは経、あるいは史、あるいは詞章、あるいは経世済民、あるいは天算地輿、経は何経を治めるか、史は何史を治めるか、経世済民は何条か、類によって求めると、おのおの専注がある。経注は、どれが師授の古学か、どれが無本の俗学か、史伝は、どれが有法か、どれが失礼か、どれが詳密か、どれが粗忽か、詞章は、どれが正宗か、どれが傍門か、にいたっては、とりわけ決択分析してこそ、はじめて聡明さを誤用することがない。この事は師承があればよいが、師は得やすいだろうか。書こそ師なのである。今諸生のために良師を指し示そう。「四庫全書総目提要」(89)〔は一書の名であり、略称は「四庫提要」といえる〕を一度読めば、学問の門径をほぼ知れるのである。分析して言えば、「四庫提要」は群書を読む門径である〔「提要」は分量がやや多く、だれもが一編を置いておく必要はない。別に「四庫全書簡明目録」があり、「提要」を縮約して成った書で、ただ一帙のみ。たいていの初学は、まず経・史・子・集の四種をはっきり分けねばならず、何書は何類に入るかが、ここで了然とすれば、購書・読書はみな頭緒ができる。しかし「簡明目録」はあまりにも粗略で、書の得失も詳説せず、かつ「四庫全書」に未収のものは、「提要」ではまだ存目を後に並べるが、「簡明目録」には無く、世間に無いものと誤認してはならないのである。ざっと一度翻閲し、それから「提要」

を読めばよい[90]」。

「漢学師承記」は経学の門径であり、国朝人著の「小学考」（「書目答問」経部小学類に「五十巻、謝啓昆。嘉慶丙子刻本」とある）は小学の門径であり（「説文通検」も初学が「説文」を翻検する門径といえる）、顧炎武《こえんぶ》の「音学五書」（「書目答問」叢書目にあり、経部小学類に「音論一巻、顧炎武。顧氏音学五書本。学海堂は止だ中巻を摘す」「古音表二巻、同上。苗夔《びょうき》の「音韻鈎沈」は未刊」「唐韻正二十巻、同上」、経部正経正注類に「易音三巻、顧炎武。顧氏音学五書本。学海堂本」「詩本音十巻、顧炎武。音学五書本。学海堂本」とある）は韻学の門径であり、「史通」は史学の門径であり、国朝の斉召南《せいしょうなん》の「歴代帝王年表」（「書目答問」史部正史類に「三巻、斉召南。文選楼本。仁和葉氏重刻本。此の書は最も簡括なり」）は史を読む門径であり、「古今偽書考」（一巻、清の姚際恒《ようさいこう》の著。経類十九種、史類十三種、子類三十種を取り上げる。知不足斎叢書に収録）は諸子を読む門径であり、「文心彫龍」（「書目答問」集部詩文評類に「文心彫龍輯注十巻、梁の劉勰《りゅうきょう》。黄叔琳《こうしゅくりん》の注。盧氏広州刻本。原刻本」とある）・鍾嶸《しょうこう》の「詩品」（同上に「三巻、津逮本。学津本」とある）は詩文の門径であり、国朝の趙執信《ちょうしつしん》の「声調譜」（同上に「一巻、趙執信。単行本。珠塵本」とある）・沈徳潜《しんとくせん》の「説詩《せっし》晬語《すいご》」（葉燮《ようしょう》の詩学理論をもとにして詩の教化作用を論じた書）・紀《き》昀《いん》の「瀛奎律髄刊誤《えいけいりつずいかんご》」（元の方回の「瀛奎律髄」を批評した書で、基本は否定の態度をとるが、なかでは方氏の論を「精確」と評価しもする）・孫梅の「四六叢話」（同上に「三十二巻、孫梅。嘉慶三年刻本」とある）・近人の「歴代賦話」（清の浦《ほ》銑《せん》の著。二十八巻、正集・続修各十四巻。乾隆五十三年復小斎刻本）は初学の詩賦四六の門径であり、孫過庭の「書譜」（「書目答問」子部芸術類に「一巻、唐の孫虔礼。百川本。安氏石刻附釈文本」とある）・姜《きょう》堯章《ぎょうしょう》の「続書譜」（同上に「一巻、宋の姜夔。百川本。以上二種は戈守智《がしゅち》の「漢渓書法通解」内に刻す。通行本」とある）・国朝の包世臣の著「安呉四種」（「書目答問」集部別集類にあり、「中衢一勺《ちゅうくいっしゃく》」七巻、「芸舟双楫《げいしゅうそうしゅう》」九巻、「管情三義」八巻、「斉民四術」十二巻、「道光丙午活字版本。武昌局本」とある）の内「芸舟双楫」一巻（「書目答問」子部芸術類に「芸舟双舟六巻、附録三巻、包世臣。安呉四種の一。活字版本。又た単行本。此の編は実は是れ雑文なり。内に論書二巻有るに因りて此こに附す」とある）は、書法を学ぶ門径である[91]。

書を読むには古書を多読するのがよい

史伝のほかに、唐以前の書は多読するのがよい。それには空言が少ないからである。おおよそ秦以前の書は、一字千金。漢から隋までは、往往にして宝を見る。過ちをとがめるよりも、残しておいたほうがよかろう。唐から北宋までは、去と留と半半にする。南宋から明までは、善いものを択んで残す。ここで先秦以前の伝記〔子・史および経の注解を、古人は伝記と名づける〕で、本当に古人の手になるもの、漢・魏の著述で理にかなない実用的なもの、その名を以下に簡略に挙げよう。

「国語」（「書目答問」史部古史類に「国語韋昭注二十一巻附札記一巻」などとある）「戦国策」

（同上に「戦国策高誘注三十三巻札記三巻」などとある）「大《だ》戴礼《たいれい》」（「書目答問」経部列朝経注経説経本考証類に「大戴礼記盧辯注十三巻」などとある）「七経緯《しちきょうい》」（同上に「七緯三十八巻、趙在翰の輯。福州小積石山房刻本」とある）〔国朝人の捜集であり、「古微書」（同上に「古微書三十六巻、明の孫穀。……孫書には本もと焚微・線微・闕微・删微の四種有り、微書と総名す。此れは其の删微一種」とある）よりも備わっている。緯は讖と異なり、三代の儒者が経を説いた逸文で、美点が欠点にまさる。耳学問で議論してはならない〕「山海経《せんがいきょう》」（「書目答問」史部古史類に「山海経箋疏十八巻図讃一巻」などとある）「世本」〔近人の秦嘉謨の輯補〕（同上に「世本輯補十巻、秦嘉謨。原刻本」とある）「逸周書《いっしゅうじょ》」（同上に「逸周書孔晁注十巻」などとある）「竹書紀年《ちくしょきねん》」（同上に「校正竹書紀年二巻」などとある）「穆天子伝」（同上に「穆天子伝郭璞注七巻」とある）〔三書（逸周書・竹書紀年・穆天子伝）は仮託するところがあるけれども、みな秦以前の人の著作である〕「周髀《しゅうひ》」（「書目答問」子部天文算法類に「周髀算経二巻、漢の趙君卿の注。北周の甄鸞《けんらん》の述。唐の李淳風の釈。前の古子（周秦諸子類）に互見す」とある）「素問」（「書目答問」子部医家類に「素問王冰注二十四巻、明に宋の高保衡等の校本を仿刻す。近人の重刻本。前の古子に互見す」とある）「司馬法」（「書目答問」子部周秦諸子類に「司馬法三巻附逸文。指海本。又た邢澍《けいじゅ》輯注の浙江刻本。又た平津館本一巻。兵」とある）〔班（固）の（漢書芸文）志は礼家に入れるが、その書はみな軍礼をいう〕〔以上の諸書はみな経義を考証する用途がある〕。

以上は三代の古伝記〔その他はみな漢以後の偽書で、断じて信じてはならない。「国語」「戦国策」「大戴礼記」が最も重要である」。

「老子」（「書目答問」子部周秦諸子類に「老子王弼注二巻」などとある）「管子」（同上に「管子尹知章注廿四巻」などとある）「孫子」（同上に「孫子魏武帝注三巻」などとある）「晏子春秋」（「書目答問」史部古史類に「晏子春秋七巻音義二巻、孫星衍《そんせいえん》の音義」とある）「列子」（「書目答問」子部周秦諸子類に「列子張湛注八巻附殷敬順釈文」などとある）「荘子」（同上に「荘子郭象注附釈文十巻」などとある）「文子」（同上に「文子二巻附校勘記」などとある）「呉子」（同上に「呉子一巻」とある）「墨子」（同上に「墨子十五巻目録一巻」とある）「荀子」（同上に「荀子楊倞注二十巻」などとある）「韓非子」（同上に「韓非子二十巻附識誤三巻」とある）「鶡冠子《かつかんし》」（同上に「鶡冠子陸佃注三巻」とある）「孔叢子《くぞうし》」（同上に「孔叢子七巻」とある）「呂氏春秋」（同上に「呂氏春秋高誘注二十六巻」とある）「楚辞《そじ》」（「書目答問」集部楚辞類に「楚辞補注十七巻」などとある）〔これは集類だが、経を証明できるので、ここに附した。この外に、まだ「尸子《しし》」（「書目答問」子部周秦諸子類に「尸子二巻」などとある）「商子」（同上に「商子五巻」などとある）「尹文子《いんぶんし》」（同上に「尹文子一巻附校勘記遺文」とある）「関尹子《かんいんし》」（同上に「関尹子一巻」とある）「燕丹子《えんたんし》」（同上に「燕丹子三巻」とある）があり、国朝人にどれも採集校刻本がある」。

　以上は周から秦への間の諸子〔その他はまだ多いが、あるいは偽作、あるいは逸存がほとんど無い。「荀子」「管子」「呂氏春秋」がもっとも重要である。「荘子」「墨子」の属は論理は荒唐無稽だけれども、経文を証明できるものがきわめて多い」。

「乾鑿度鄭注」（「書目答問」経部列朝経注経説経本考証類に「乾鑿度鄭注二巻、丁杰の輯補」とある）「尚書大伝」（同上に「尚書大伝定本八巻、漢の伏勝。陳壽祺《ちんじゅき》の校注」とある）「韓詩外伝」（同上に「韓詩外伝十巻、漢の韓嬰」とある）「春秋繁露《ばんろ》」（同上に「春秋繁露十七巻、漢の董仲舒」などとある）「白虎通《びゃっこつう》」（同上に「白虎通義四巻、漢の班固。……此の書は皆な礼制を言う。故に此の類に入れる」）「春秋釈例」（同上に「春秋釈例十五巻、晋の杜預《どよ》」とある）「陸璣詩疏」（同上に「校正陸璣毛詩草木鳥獣虫魚疏二巻、丁晏の校」などとある）皇侃《おうがん》「論語疏」（同上に「論語義疏十巻、梁の皇侃」とある）「周易集解《しっかい》」（同上に「周易集解十七巻、唐の李鼎祚」とある）「経典釈文」（二書（周易集解・経典釈文）は唐初の人の集だけれども、漢・魏・六朝の人の旧説である。この外に、まだ「五経異議」「駁五経異議」（同上に「五経異議、漢の許慎、幷びに駁議、漢の鄭玄、一巻、補遺一巻、王復の輯」とある）「虞氏易注」（同上に「周易虞氏義九巻、虞氏消息二巻、虞氏易礼二巻、虞氏易事　巻、易言二巻、易候一巻、張恵言」とある）「鄭氏易注」（同上に「周易鄭氏義二巻、同上」とある）「荀九家易注」（同上に「周易荀氏九家義一巻、同上」とある）「尚書馬鄭注」（同上に「尚書馬鄭注十巻、孫星衍の輯」とある）「左伝賈服注」（同上に「左伝賈服注輯述二十巻、李貽徳」とある）「蔡邕明堂月令章句」（同上に「蔡邕月令章句二巻、蔡雲の輯」とある）「箴膏肓」「起廃疾」「発墨守」（同上に「箴膏肓一巻、起廃疾一巻、発墨守一巻、漢の鄭玄」とある）「毛鄭異同評」（同上に「毛詩異同評三巻、晋の孫毓、難孫氏毛詩評一巻、陳統」とある）「劉炫規杜」（同上に「劉炫規杜持平六巻、邵瑛」とある）「漢魏遺書」（同上に「漢魏遺書鈔一百八種、王謨の輯」とある）「古経解鉤沈」（同上に「古経解鉤沈三十巻、余蕭客の輯」）などの書があり、みな原書は亡逸して、国朝人が他書から採集したものである」。

以上は漢から隋までの経を説く書〔唐から国朝までは、経学の書があまりにも多く、他日を待って要を択び目を標そう〕。

「説文」（「書目答問」経部小学類に「説文解字十五巻、漢の許慎」などとある）「方言」（同上に「方言注十三巻、漢の揚雄。晋の郭璞の注。丁杰の校」などとある）「釈名《しゃくみょう》」（同上に「釈名疏証八巻補遺一巻、漢の劉熙。江声の疏補」とある）「急就篇《きゅうしゅうへん》」（同上に「急就篇四巻、漢の史游。唐の顔師古の注。宋の王応麟の補注」とある）「字林」（書はずっと前に亡逸したが、国朝の任大《じんだい》椿《ちゅん》が捜集して書にし、「字林考逸」と名づけた）（同上に「字林考逸八巻、任大椿。燕禧堂本」とある）「玉篇《ぎょくへん》」（同上に「玉篇三十巻、梁の顧野王の元本。唐の孫強の増字、宋の陳彭年等の重修」とある）「広韻」（同上に「広韻五巻、隋の陸法言の「切韻」の元本。唐の孫愐・宋の陳彭年の重修」とある）〔「広韻」はつまり陸法言の「切韻」で、やや増修があり、だから隋に並べる。この後は、唐人の「一切経音義」（同上に「一切経音義二十五巻、唐の釈玄応。荘炘の校刊本」）が最も優れる。さらに「汗簡」（同上に「汗簡三巻目録叙略一巻、宋の郭忠恕。汪啓淑の刻本。……此の書は多く誤に沿う。鄭珍の「汗簡箋正」七巻は極めて精なるも未刊」とある）「集韻」（同上に「集韻十巻、宋の丁度等」とある）「韻補」（同上に「韻補五巻、宋の呉棫」とある）「韻会」（同上に「韻会挙要三十巻、元の黄公詔の元本。熊忠の刪」とある）薛尚功「鐘鼎款識」（同上に「薛氏鐘鼎款識二十巻、宋の薛尚功」とある）の属もあり、考証の役に立つが、急がなくてもよかろう。「倉頡」（同上に「倉頡篇三巻、孫星衍の輯」とある。秦の李斯の著）「凡将」（「凡将篇」は漢の司馬相如の著）の諸書は、ずっと前に亡逸したが、任大椿が集めて、「小学鈎沈」（同上に「小学鈎沈十九巻、任大椿。山陽汪氏刻本」とある）と名づけ、もっとも好い」。

以上は漢から隋までの小学の書（「説文」「玉篇」「広韻」はとりわけ重要である[92]）。

「新序」（「書目答問」史部古史類に「新序十巻、漢の劉向」とある）「説苑《ぜいえん》」（同上に「説苑二十巻、同上。以上の五書〈「越絶書《えつぜつしょ》」「呉越春秋」「列女伝」「新序」「説苑」〉は漢人の作と雖も、然るも皆な古事を紀し、本旧文多し。故に古史に列す」とある）「列女伝」（同上に「附図列女伝七巻、続一巻、漢の劉向」などとある）「呉越春秋」（同上に「呉越春秋十巻、漢の趙曄《ちょうよう》」とある）「越絶書」（同上に「越絶書十五巻、漢の袁康」とある）「家語」（同上に「家語王粛注十巻、……古の家語には非ず。然し廃する能《あた》わず」などとある）〔王粛の集めたものなので、ここに並べる〕「漢官六種」（「書目答問」史部政書類に「漢官六種、漢官一巻。漢官解詁一巻、漢の王隆の撰、胡広の注。漢旧儀二巻、補遺二巻、衛宏。漢官儀二巻、応劭。漢官典職儀式選用一巻、蔡質。漢儀一巻、呉丁孚」とある）「三輔黄図」（「書目答問」史部地理類に「三輔黄図一巻、荘逵吉の校」とある）「水経注《すいけいちゅう》」（同上に「戴校水経注四十巻、魏の酈道元《れきどうげん》。戴震《たいしん》の校」などとある）「華陽国志」（「書目答問」史部載記類に「華陽国志十二巻、附録一巻、晋の常璩《じょうきょ》。顧広圻の校・廖寅の刻本。足本」とある）「淮南子」（「書目答問」子部雑家類に「淮南子高誘注二十一巻、荘逵吉校本。十子本は即ち此の本。道家を兼ぬ」などとある）「法言」（「書目答問」子部儒家類に「法言李軌注十三巻音義一巻、漢の揚雄」などとある）「塩鉄論」（同上に「塩鉄論十巻考証三巻、漢の桓寛。張敦仁の考証」とある）「新論」（同上に「新論一巻、漢の桓譚」とある）「潜夫論」（同上に「潜夫論箋十巻、漢の王符。汪継培の箋」とある）「論衡」（同上に「論衡三十巻、漢の王充」とある）「独断」（同上に「独断二巻、漢の蔡邕《さいよう》」とある）「風俗通」（同上に「風俗通義十巻、漢の応劭」とある）「中鑑」（同上に「中鑑五巻、漢の荀悦」とある）「斉民要術」（「書目答問」子部農家類に「斉民要術十巻、魏の賈思勰《かしきょう》」とある）「文中子中説」（「書目答問」子部儒家類に「中説十巻、旧は隋の王通と題す。宋の阮逸の注。世徳堂本。即ち文中子」とある）（門人の作ったもので、体制は善くないけれども、詞理はかなり精密で、廃するわけにいかない）「顔氏家訓」（「書目答問」子部雑家類に「顔氏家訓注七巻、北斉の顔之推。趙曦明の注。……釈家を兼ぬ」とある）「九章算術」（「書目答問」子部天文算法類に「九章算術九巻、漢人。魏の劉徽の注、唐の李淳風の釈、戴震の補図、音義一巻、宋の李籍、附策算一巻、戴震」などとある）〔この外に、隋以前の算経にはまだ六種ある。算は専門の学で、きわめて実用がある。唐から明まで、算書は多く、後に出れば出るほど精密になり、国朝になって精密をきわめた。ここでその古いものを取りあげるのは、通経のためである〕。

以上は漢以後・隋以前の伝記諸子〔この外、「大元経」（「書目答問」子部術数類に「大玄経十六巻、漢の揚雄。蜀の范望の注」などとある）「易林」（同上に「易林十六巻、旧は漢の焦贛《しょうこう》と題す。

徐養原・牟廷相に依り定めて漢の崔篆と為す」とある）「物理論」（「書目答問」子部儒家類に「物理論一巻、晋の楊泉」とある）「中論」（「書目答問」子部儒家類に「中論二巻、魏の徐幹」とある）「人物志」（同上に「人物志三巻、魏の劉邵」とある）「高士伝」（「書目答問」史部伝記類に「高士伝三巻、晋の皇甫《こうほ》謐《ひつ》」とある）「博物志」（「書目答問」子部小説家類に「博物志十巻附逸文、旧は晋の張華と題す」とある）「古今注」（「書目答問」子部周秦諸子類に「古今注三巻、晋の崔豹」とある）「南方草木状」（「書目答問」史部地理類に「南方草木状三巻、晋の嵆含」とある）「洛陽伽藍記」（同上に「洛陽伽藍記五巻、集証一巻、魏の楊衒之。呉若準の集証・刻本」とある）「荊楚歳時記」（同上に「荊楚歳時記一巻、梁の宗懍」とある）「世説」（「書目答問」子部小説家類に「世説新語三巻、宋の劉義慶」とある）「抱朴子」（「書目答問」子部雑家類に「抱朴子内外篇八巻、晋の葛洪」などとある）「金楼子」（同上に「金楼子六巻、梁の元帝」とある）の属のごときは、詳細確実にして文雅であるけれども、ただ詞章・談助に資するだけで、急ぐことはない。「難経」（「書目答問」子部医家類に「難経集注五巻、旧は周の秦越人と題す。明の王九思の注」とある）「参同」（「書目答問」子部釈道類に「参同契考異一巻、漢の魏伯陽。宋の朱子の考異」とある）は、儒術とは無関係だ。「理惑」（「牟子理惑論一巻」とあるべきだが、「書目答問」にはない）「拾遺」（「書目答問」子部雑家類に「拾遺記十巻、秦の王嘉」とある）は、正しさに違い理を害する。その他は多くは偽作で、区別するのがよい。「新序」「説苑」「列女伝」「水経注」がもっとも重要である」。

諸もろの古書は真偽を分けるのがよい

この事は本朝の諸老がもっとも詳しく論じ、もっとも精しく区別している。つまり「四庫提要」の中で、すでに大略を述べているので、試しに取り出して見れば、当然目隠しが取れたように明らかになる。国朝の姚際恒の「古今偽書考」が、簡便で読みやすい〔単行本があり、また「知不足斎叢書」の中にも収められている〕。

書を読むには有用の書を読むのがよい

有用なものとは何か。それで古しえを考えることができ、それで世を救うことができ、それで身心を治めることができる、の三等である。唐人は詞章を尊崇し、瑣末・虚誕・無理の書を多く著した。宋人は筆墨が繁冗で、公・私の文字は多くは空論で長篇に引き伸ばし、著書も同様である。明人は応酬の文字を好んで作り、鑑賞・清供を喜んで語り、また好んで藍本陳編を改換敷衍し、著作とした。それゆえに〔書物は〕車にも部屋にもぎっしり、人の耳目をくらませ、人の精神を消耗させ、要籍に専心することができなかった。唐以後の書は、史部にそれぞれ有用書がある外は〔およそ典章・風俗・逸事・地理を記す属は、みな史類である。明人の地方志は最も劣る〕、その他の、同じ話の繰り返しで変わりばえしない経注、重要事と無関係の譜録、猥雑に応酬する詩文集は〔明人の書でとりわけ意味のないものは、卑陋で根底のない地方志・一書一帖で贈呈される小品(93)・名を変え利を謀る評本、受験用にかき集めた類書〕、みなきれいさっぱり廃絶し、時日を造って有用の書を読めるようにせねばならない〔近代の文集は、浅陋なものはもちろん、たとえ佳《よ》いものでも読書を数部へらしてかまわない。経・子・史を多読すれば、文に工みになる。しかし集を読めば、文に工みになれないのである。詩も同じである。もしその深さを論じるならば、その人がその詩文より大きければ、佳い。その詩文がその人より大きければ、きっと佳くない〕。

宋学の書は「近思録」を読むのがよい

宋儒以後の理学家の書は、性理を推究し、まことに前代未発のことを発明している。しかし理は無尽蔵、師には定法が無く、その果ては窮めがたい。その高深にして微妙なところは、下学の者はとっさには理解できない。朱子の「近思録」一書は、言は約略にして達し、理は深くして密切、身心に有益で、高い者にも下の者にもみなよろしく、誰もが一編を置くべきである。その他の書は長く積みかさねて基礎ができてから、広く閲覧すればよい〔国朝の江永に校注本があり、きわめて精確だ。近ごろの湖北局刻も好い」(「書目答問」子部儒家類に「近思録集注十四巻、宋の朱子・呂祖謙《りよそけん》の同撰。江永の注。原刻本。武昌局本。呉氏望三益斎本」とある)。

王陽明の学術主旨は、程(顥《こう》・頤《い》)・朱(熹)と違うけれども、王は陸(象山)から出たので、やはり宋学なのである。それは継別の後、さらに大宗・小宗に分かれるようなもので、強いて門戸を立て、たがいにいがみあう必要はない。

宋学を講じる者は、かならずまず「二程遺書」（「書目答問」子部儒家類に「二程全書、遺書二十五巻附録一巻、外書十二巻、文集十二巻、遺文一巻附録一巻、周易伝四巻、経説八巻、粋言二巻」とある）「朱子語類」（同上に「朱子語類一百四十巻、宋の黎靖徳の編」とある）「明儒学案」（同上に「明儒学案六十二巻、黄宗羲」とある）の三書を読み終え、一字一字に目を通して、やっと入門がいくらか望めるのである（国朝の王懋竑《おうぼうこう》は朱子の学にもっとも深く、その著「白田雑箸」は必読書である（同上に「白田雑箸八巻、王懋竑」とある））。

学を為すには門戸を分けてはならぬ

近代の学人はだいたい両途に分かれる。読書を好む者は漢学を宗とし、心を治めることを重んじる者は宋学を宗とする。末を追いかけて源を忘れ、そこでたがいに貶しめあい、大いに悪習をなす。そもそも聖人の道は、読書も治心も、片方を廃すべきでなく、理としてたがいに補助とする。貶しめて勝を争うのは、まだ通儒ではない。はなはだしいのになると、あるいは言えばきっと許（慎）・鄭（玄）、あるいは程（顥・頤）・朱（熹）を自任する。その行いを考察すれば、漢学者と号する者は貪鄙邪刻の徒たるを免れず、宋学者と号する者はただ庸劣巧詐の計に便なるのみ。さすれば漢と宋とを問わず、学んでも何になるのか。要するに、学は躬行実践を主とし、漢・宋の両門は、どちらも品有り用有ることを期している。もし誼《よろ》しき行いを修めず、官に臨んで無用ならば、楚を失うのはもとより、斉も得ることができないのである。[95] もしかの世を欺き自らも欺く人が、漢儒の奴隷となっても実はその義に通じることができず、宋儒の佞臣となってもその書を読んだことがないならば、とりわけ大間違いであり、深く責めるまでもないことである〔経典の義理は、文字・訓詁を除外したなら、どうしてわかるだろうか。この事はおそらく分離しがたい〕。

宋儒は「(大)学」「(中)庸」を表彰するが、「礼記」は二戴(「大戴礼記」は戴徳の編著、「小戴礼記」つまり「礼記」は戴聖の編著)の伝えたものであり、七十子の後学の者が記したものである〔「漢書」芸文志に見える(「漢書」芸文志に「礼古経五十六巻、経十七篇、后氏、戴氏」、また「記百三十一巻、七十子の後学の者の記す所也」とある)〕。そもそも七十子の後学の者というのは、秦・漢以来の経師に他ならない。つまり真の漢学である。「漢書」芸文志には「中庸説」一篇があり〔「戴記」の後にある(芸文志には「中庸説二篇」とある)〕、「隋書」経籍志には梁の武帝の「中庸講疏」一巻があり、宋の(仁宗)天聖八年には、「大学」を新たに状元及第した王拱辰らに賜っている。もっぱら「学」「庸」を尊ぶのは、義として始まりがある。ましてや(「礼記」中の)「楽記」一篇は、漢人の撰するものであり〔「別録」(漢の劉向の編)によれば竇公の一篇があり、それがわかる[96]〕、実に論性・主静の諸義を総括している。[97] 董子(仲舒)の書は、性道・中和をつぶさに述べている。[98] さすれば性理の学は漢儒に源を発するのであり、無理やり分離するのは、学を知らぬ者である〔考証・校勘の学は、劉歆《りゅうひん》(「漢書刊誤」「漢書評注」の著者。「書目答問」子部儒家類に兄の著として「公是先生弟子記一巻、宋の劉敞」とある）・宋祁（同上に「宋景文筆記三巻、宋の宋祁」とある）・曽鞏・沈括（同上に「夢渓筆談二十六巻補二巻続一巻、宋の沈括」とある）・洪邁（同上に「容斎随筆、宋の洪邁。随筆十六巻、続筆十六巻、三筆十六巻、四筆十六巻、五筆十巻」とある）・鄭樵・王楙（同上に「野客叢書三十巻附野老紀聞一巻、宋の王楙」とある）・王応麟（同上に「翁注困学紀聞二十巻、宋の王応麟。翁元圻の注」などとある）がその端を開き、実はやはり宋学である」。

わたしは性として人が宋学を誹《そし》るのを聞くのを憎み、人が漢学を誹るのを聞くのも憎む。思うに学を好む者こそが佳士なのである。真の漢学であろうと理を窮めぬ者はなく、真の宋学であろうと書を読まぬ者はない。たとえ偏っていようとも、もし聖賢の法を誦し、それぞれその用に合わせれば、学ばぬよりはまさるのであるまいか。さて近人の著書は、ただ一つの見解を崇信してその他の見解を排斥し、たがいに貶しめあい、まったくやむを得ないことがあるかのようだが、しかし不学の者に対してまったく非難しないのは、どういう心づもりか、まことにおかしなことである〔近年の士人は、漢学の読書があまりにも苦しいのも嫌い、宋学の身を律することあまりにもきついのも嫌い、「五経」は廃棄に近く、名文も閲覧を嫌う。ただその不学を心配するだけで、学の流弊を考慮するひまなどあろうか〕。洛・蜀が諍《いさか》う(99)と、章・蔡(100)がよろこぶ。そこで世の不学の者は両家のおこぼれに預かり、漢であれ宋であれ、一律にけなし誹り、天下がみな不学に帰して気分爽快になるよう願う。これもまるで一人だけ君子になるのを恥じるかのようである。学を好む者はそれぞれ聞いたことを尊び、知ったことを行い、動揺してはならない。

秀才になってから書を読むのがよい

今人は童子のときにもう経・伝に親しみ、小学校に入ると、学を成すとみずから命じ、成年になったばかりで駄目になってしまう。これは天下の通弊である。そもそも学童の読書は、朗読してほぼ通じるにすぎず、どうして深く遠くに達することができようか。入学してから、神智がだんだん成長し、世を閲することがやや深くなる。このときに書を読んで、はじめてその要領を尋ね、その精微を探ることができるのだ。なのに悪濫する時文でその本務を奪うとは、そも何たる誤りか。おもうにただ入学した後こそまさに書を読むのによく、通籍（官職につく）した後はいっそう書を読むのによいのである。袁伯業は成長してから学に勤めることができた。[101] 諸生がかれに倣うことをわたしは願う。

書を読むには困難を畏れる必要はない

以上に述べたことは、読むべき書がこのように多く、読書の道がこのように密であり、極めつくせるようなものでない、どうして行為を反省し実用に付すいとまなどあろうか、という意味。しかしまたそうでもない。一経・一史・古集の一家・詞章の一体〔経・史を講じる者は、詞章もすべてを廃することはできない。性霊を涵養し、筆札にも役立つのである〕・経世済民の一門〔経世済民はその人による。生まれつき暗弱な者は、講じなくてもかまわない〕は、精力を傾注して探求する〔はたして一経に精通できれば、群経の大旨要義はみなすでに瞭然となっているのである〕。「（資治）通鑑」・古子は、その大略を観、その要領を知る。またその次は、いろいろ渉猟するのみ。こういう具合にやれば、十年未満で、卓然として自立し〔聡明強勒で師友を得る者は、成果はなおこれに止まらない〕、これ以降は、左右に源に逢う〔群籍にも精通すればもとより好いが、しかし人生の精力歳月は有限で、一を主とし、他を補佐とすれば、すでに終身これを用いて尽きないことになる。才力に余りある者は、各自がやるに任そう〕。そもそも断ち切れた小河を航行して海に至るを求め、(102)北方に馬車を駆って越に至るを求めるのは、(103)難しいことだ。もし渡し場がはっきりし、進む方向が定まり、道に沿って行き、日を数えて到着すれば、何も難しいことはないのだ。

おもうに読書の一事は、古しえは難しく今は易しい。何門の学問であろうと、国朝の先達がどれもきわめて精密な書を出している。前人の正しいものはそれを証明し、誤るものはそれを弁析し、考証しがたいものはそれを証明し、〔参校・傍証〕見られぬ書はそれを採集し、あるいは真偽を分けて古書の半分を除去し、あるいは玉石を分けて列朝の書の八九《はちく》割を除去したのである。かつ諸公のもっとも好む著作は後人が精力を節約できる書であり、一つは捜補〔あるいは群書中から捜し出し、あるいは補完し、あるいは綴輯する〕、一つは校訂〔訛誤、脱字、同、異〕、一つは考証〔本書に拠る、注に拠る、他書に拠る〕、一つは譜録〔提要および紀元・地理各種の表・譜〕。これはみな畢生の精力を積み、前代の成書に続けてのちに成ったものである。だから同一書でありながら、古人は十年ではじめて通じたものが、今人は三年でよいのだ。前人はとても苦しんだが〔前人においては、自分には大益がない。書の校正および古集の注釈はとりわけつらい〕、後人はとても楽だ。諸公が部屋を作り、吾輩が住む。諸公が道具を作り、吾輩が使う〔今日はただ善くよく書を買いさえすれば、読書は精力を省き、効果もたやすく現れる〕。士は今日に生まれて、もし読書を了承すれば、本当に無益の精神を費やさなくてすみ〔もし諸公がいなくて、自分が考証すれば、とても疲れる。考証しなければ、誤りが多い〕、しかも身心に益あり、坐して実用を収める。漢学の成書に拠り、宋学の義理を弄すれば〔この時にはもう考証しなくても、すでに使用に足りる。ただ先達の考証の書を多く閲覧して篤く信じればよいのだ。この事もきわまりなく、余力ある者にまかせよう〕、事は古人の半分で、功はきっと古人の倍だ。慎んで、その言を驚き怖れ、銀河のようにつかみどころがないと思ってはいけない。(104)

書を読むには記憶力が好くないと言い訳してはならない

今人で読書を好まぬ者に会うたびに、これを口実にする。これは人を欺くものである。日に一葉をおぼえ、月に一巻をおぼえれば、十年以内に、百巻余りをおぼえることができるのだ。できないのでなく、実はやらないにすぎない。朱竹坨はこう言う、「世にはどうして一覧して忘れず、一字も遺さない者がいようか。ただ切要な箇所を択び出しておぼえるだけだ」と。(105)竹坨は本朝第一の博雅の人だが、そのいうところはかくのごとく、学ぶ者にそれを告げておく。

書を読むには書がない暇がないと言い訳してはならない

買えるなら買い、借りてはいけない。手に入れたら読み、時間がたてばおのずと豊富になる。もしかならず本棚に三万冊たまるのを待ち、それから読むことを考えるならば、そんな日は終身来ないだろう。たとえ四部を網羅しても、どうして一日で読み尽くせようか。しばらくは手持ちの書を読み尽くし、それからその他の書を考えればどうか。さらに一つの弊害がある。人に読書をすすめると、多くは暇がないというが、遊びや昼寝には暇が多いことを思わないのだ。一ページの数行を偶然目にしたら、他日事に遇ったとき、あるいはちょうど役に立つかもしれない。幼くして真の読書を学んだ者でなければ、終日身なりを整えて端座し、読書の時刻を限定するという事は断じてないのである。

書を買うには吝嗇《けち》であってはならぬ

田穀の利益は、十分の一にも及ばず、商売の利益は、三倍に止まる。(しかるに)典籍の利益は、善で身を修め一族を興隆させ、愚者を賢人に変え、子孫は永遠に続き、酌めども尽きぬものである。一巻の書は、天下に有益であり、これの利となることは言いつくせず、衣服を節約し食事を切りつめても、やはりこれを買うべきである。ただ書を買うには門径を知らねばならず、もし訪ねるべき通人がいないのならば、つねに書店を訪れ、書架にならぶ雅訓な書名のものを流覧し、求め取ってパラパラと見れば、要籍・精本にかならず出合う時があろう。たとえ買ったが読まないとしても、もしこの道に好むこと篤ければ、子孫にかならずそれを読める者があらわれる。

蜀人は義をたっとび施しを好み、書院や社学は、至る所で多数あり、賓興（地方官が宴席を設け科挙応募の士を招待すること）・義巻（地方官が答案を用意することとか）など、支援の種目はいろいろある。いま一義があり、さらにそれを進めよう。寝転んで天井をながめつつあれこれ考え、もっぱら帖括《ちょうかつ》（八股文）を勉強しても、（その結果は）水が涸れて壁に貼りつくかたつむりのごとく（蘇軾の「蝸牛」詩に「高きに升《のぼ》りて回《かえ》るを知らず、竟には壁に粘り枯れるを作す」とある）、けっきょく大益とはならない。それで孤寒を救済するといえば、それは有るだろうが、もし人文を興起するといえばまだまだである。もし礼を好む者が広く典籍を買い、それを書院に置くと、最重要な各部を計算しても、費用は千金余りに過ぎない。千金の書は、百年以内は壊爛に至らず、三十年以内は散亡しない。一県中の高材生はみな利益を受け、次々と授受し、流沢は無窮である。一郷の中で、通人が続々あらわれる。冠蓋里《かんがいり》(106)とならない心配など無用である。これを多額の金銭を募集して文昌・魁星のために楼閣を修造し、文風を培植したと号する者と較べれば、ずっと実効があるのだ〔文昌の六星には司禄があるけれども、学校とは無関係だ。[107] 魁は斗宿の一つで、俗は奎壁の書府を魁と誤り伝えている。[108] 星辰に幸せを願い、土木に効果を求めるよりも、人事にそれを求めるほうがずっとまさっているのだ」。

書を読むは理を明らかにするを期し、理を明らかにするは用を致すに帰す

書とは、穀物のようなものである。種をまき収穫し臼でついて搔き出し、それを炊いてご飯にし、いろいろなおかずと合わせ、それを食べて満腹する。肌はつやつやし、筋骨は強固になる。これが穀物の効果である。もし一年中勤勉に働き、畑仕事に忙しく、食事作りに苦労しながら、一度もその味を味わうことがないのならば、穀物をまいたとて何になろうか。近人は往々にして読書と明理とを二つの事に分け、経に通じ用を致すことを迂遠と見なし、浅い者は科挙のため、博識の者は著述で有名になるためにするのみ。自己には関係ないのである。世の中とも関係ないのである（と思う）。それはまるで収穫しながら食べず、食べながら身に付かないようなものである〔たとえば「説文」・小学は、たしかに経を読む鍵ではあるが、いつまでもあらさがしをつづけ、（にかわで琴柱《ことじ》を貼りつけるように）固執して融通がきかない。とすればこの鍵を守ってその身を終えるわけで、やはり門外漢たるを免れず、美富を望見するすべはない。これはどうして六書に通じることの本意だろうか。その他の考拠家の流弊も、この類が多い。世人が漢学者を誹ることになるのは、この手の輩が元凶なのである〕。随時に書を読み、随時に理をきわめ〔たとえば農家は一年耕し一年食らうもの、かならず百穀をすべて味わい、富が千倉に

積まれるのを待って、それから腹を満たすなどとは聞かないのである」、心は清明になり、人品はおのずと正直になる。そこから古今を貫通し、人事を推し求め、もしふだん講じ求めることができたら、才識の長短にかかわらず、官になり登朝して、大事も小事もきっと実用が得られよう。「易経」大畜の「象」辞には、「君子は多く前言往行を識り〔識、「経典釈文」に「劉は志と作す」とある〕(109)、以って其の徳を畜《たくわ》う」という。多く識って徳を蓄える、事はもともとあい因るのだ。もし書を読む者が、理を明らかにもせず、また無用でもあれば、読書に苦労することもないのである。使者《わたし》が諄諄として諸生に読書をすすめるのは、蜀全体の士林の美質をすべて人材に仕上げ、上等の者は国家の役に立ち、その次も端人・雅士たるを失わぬようにしたいという気持ちからであり、人才を駆り立ててすべて本の虫にしたいからではないのである。この条はとくに読書できる者のために発する。

文を語る　第三

試験に関係し、および時俗の犯しやすいものを挙げて、良材生が学に困り、誤って覆車の轍を踏み、いたずらに排除に遭っても知らないことのないようにするためである〔この篇は平浅な説が多いが、言うことはみな四川省にとって切実なものである。先輩が時文（科挙で課された八股文）を論じた言説はきわめて多いので、贅言しない〕。

一、時文

清〔書理が透徹し、明白でわかりやすい〕・真〔意義があり、剽窃でない〕・雅〔書巻の気があり、卑賤な語がなく、先達の気息があり、軽佻浮薄の調子がない〕・正〔奇異でなく、繊巧軽浮でなく、側面から着手することなく、奇妙なスタイルはない〕なのがよい

（上記の）四字はだれでもみな知っているが、しかし時俗は誤解が多いので、今とくに簡潔に明らかにする（この三句、別のテクストでは「見たところ老生の常談のようだが、じつは文家の極則なのだ」となっている）。制義（八股文）のみならず、詩・古文辞さえも、どうしてこの四字からはずれることができようか。今人は誤って庸腐空疎なものをこれに当てるが、いわゆる「謬《あやま》るに千里を以ってす(110)」るものである。俗論はいつも「某文は理法を尚ぶ」「某文は才気を尚ぶ」「某文は書巻を尚ぶ」というが、そもそも理なく法なければ、どうして才気があろうか。もし才気なく書巻なければ、またどうして道理を明らかにできようか(111)。

多く読書するのがよい

読書が多ければ、理をたっぷり積める。講章（科挙の文を学習するために編写された四書五経の講義）を読まなくても、おのずと題を理解でき、題理が明らかになれば、文章の作法はおのずと合う。意義の精深、詞華の宏富にいたっては、源に因って流を得、頑張らずともできる（別のテクストでは、ここに「古文を多読するも、亦た読書の一端」という小注がある）。

先達を学ぶのがよい

経・史は文章の根底であり、名家・大家は墨巻(112)の根底である。「欽定四書文(113)」は根底であり、学びつくすのはもとより容易でないが、すこしその骨力・気息をものにすれば、利益はすでに極まりない〔たとえ初学の者は理解できなくても、秀才になった後は、かならず探討せねばならない。（さすれば）他日官になって科挙の文章を評選し、講授を担当して士を教えたとしても、立派な文章に出会えば識別でき、高材生を落としたり、誹りを招くことはないだろう〕。選本はとても夥しいが、老輩の選んだものを勝るとすべきである。受験勉強のために計れば、名稿は発揚するものを読まねばならず、墨巻は清楚なものを読まねばならない。たとえば呉〔蘭陔〕（懋政《ぼうせい》、字は蘭陔、浙江海塩の人。選著は「読墨一隅」「八銘塾鈔」）・李〔秬香〕（錫瓚、字は秬香、太倉の人。編著は「能与集」「精選巧搭醇英」「近科考巻脱穎集」）・梁〔省吾〕（葆慶、字は省吾、広東崇善の人。選著は「郷墨精鋭」四冊）・許〔玉叔〕（球、字は玉叔、古歙の人。著書は「養雲山館試帖註釈」四巻）・周〔筱村〕（銘恩、字は筱村、丹徒の人）の諸家の選本は、みな好く、挙げつくすことはできない。この例でもって求めれば、浅薄で小賢しい者は学ぶに足らない〔名家の専稿は渉猟し、おのれの好みに従って読むのがよい。周（銘恩）の選本はつまり「制義霊枢」（四編。道光二十九年刊本）で、四川省の坊間には多く有り、とても好い〕。先輩は「時文家（八股文学習者）は胸中に熟文（すっかり理解した文章）三千首があれば、自然に能文になる」といつもいう。それも揚子雲（雄）の「千賦を読めば乃ち能く賦に工みなり」の説[114]のようなものである。今人はたとえこのようにはできなくても、少なくとも千篇余りを渉猟し、数百首に爛熟すべきである。もしこれすら無ければ、難しいだろう。

挙業家（科挙受験者）はいつも「経・史・子・集は時文とは無関係だ。学者の文章は試験場にはふさわしくない」といい、ただ浮濫した時文を読み、つぎつぎと摸倣する。このとき文体はすでに破綻をきわめ、突き進めば進むほど駄目になり、将来は一たび書いてみると文を知らず、また文を為すこともできないということにきっとなる。だれもがみな没字碑（文字の刻まれていない碑。それで、表面は立派だが文墨に通じていない人、をたとえる）となり、大いに学校の憂いの種となるのである。諸生は今このときに学んだり教えたりし、他日自分が試験官になり、みな努力して挽回することを望めば、つまり世教に功績があることになる。(115)

墨巻をちゃんと学ぶのがよい

墨巻とは、意があり、詞があり、気があり、勢いがあり、声があり、色があるということなのである。俗間には房稿・行書(116)が氾濫するが、六者のうち一つもないのだ。学ぶべきものは何もない（生員であろうと童生であろうと、およそ脈理（条理・脈絡）がはっきりしていない者は、墨巻をにわかに学ぶことを断じてしてはならない。一たび落ち込んでしまえば、終身にわたって迷いつづける」。

用意・用筆を講じるのがよい(117)

名・理を創発し（別のテクストでは「義理を闡発し」とある）、経・伝を補佐するのが、本である。作り手は始めからこれができる。機調（八股文の調子・リズム）が成熟するのは、末でである。俗工でもこれを解する。上下を通じるには、意・筆を先とする。もし意も筆も無ければ、我れは人とこの濫調を共にすることになり、浮泛な語を一万四千巻にわたって連ねたところで、どうして勝利を得られようか〔意とは、汜濫せず、積み重ねずということである。筆とは、扁平ならず、愚鈍ならずということである〕。

時文は出落(118)の処に意を用いるのがよい

その承注・点逗の処は、文の眉目である。その転捩《てんれつ》・提挈《ていけつ》の処は、文の筋節である。その要点は上下連貫と勢いが平らでないことにあるのみだ。文の良し悪しは、ここの数語を見れば、もうはっきりわかる。童巻はこれについてあまり講求しないので、標出したのである。

挙業家はふだんは小題文を読み、小題文を作るのがよい

これは先輩の言である。膚濫《ふらん》を治そうとすれば、これ以上のことはない。おもうに、遊思を収めて理法に入り、浮詞を一掃して意・筆を表す、これは良方である。これを今日に施すことはとりわけ必要である。

初学の者が時文を作るには、まず論を作るのがよい

時文の作り方を学びたいならば、まず論の作り方を学ぶべきだが、最も学ぶべき二冊の書が

ある。一つは宋の呂祖謙の「左氏博議」〔坊間は「東萊博議」と称する〕。文格はそれほど高古ではないが、詞意は明らかで、段落は反面も正面も明白であり、波瀾があり、断制があり、これを学べば理は明らかに詞は達することが期待できる〔唐以前の名家の集中では、論説は変動して定まらず、一定の決まった型がない。宋人の論はたしかに決まりがあり、また時文のようでもあり、南宋はとりわけ甚だしい。しかし集中の作は篇幅がとても長い。これは東萊の若いころの作なので、浅顕で尋ねやすい〕〔「左氏博議」二十五巻は、「春秋左氏伝」に載せる治乱得失の跡を、篇に分けて語り、すべて一百六十八篇。この著は「諸生の課試の為の作」であり、目的は「以って其の筆端を佐くる有るを思う」ものだった〕。一つは明の張溥の「歴代史論」。漢から元まで、一帝につき一論を作り、また「通鑑紀事本末」を取り、一事につき一論を作り、だいたい毎首三百字余り、簡練で含蓄あり、詞采は斐然としながら、篇幅は縮小、筆勢は整斉。論中では本書・本事を括約して挙げ、読むにつれて解釈していて、史事の大段を知ることができる〔この書はもともと初学者が史に熟《な》れる為に設けた〕〔「歴代史論二編」十巻は、「通鑑紀事本末」のあとさらに「宋史紀事本末」「元史紀事本末」を取り、「三家晋を分ける」から「元代諸帥の争い」までを論じる〕。学童は経が終わり古文を読むとき、他の古文の外にこの「二論」を熟読し、さらに史事・子史の語をもって命題すれば、論を作るにも自然にドクドクと湧いてきて、筆を下せば休めることができなくなる。一二《いちに》年後には、時文も取りあげていっしょに読んでみれば、大家の名稿といえども、びっくりするほどでもない。浅薄な塾課の考巻にいたっては、いっそう見下すことになろう。もう一年後、試しに四書文（八股文）を作り、全篇を作り終えれば、筆調はきっともう観るべきものがある。半年で格に入り、一年で工みになる。どうして「明文伝薪」（清の八股文選集。「精選明文伝薪小品合刻」高陽の王吾渓の重訂、など。「明文小題伝薪」五冊ともいう。濮陽の臧岳《ぞうがく》の評釈など）を研究し「小題拆字」（清の八股文選集。「詳批注釈小題拆字」一冊、山左《さんさ》の劉介錫《りゅうかいせき》・馮六璧《ふうろくへき》鑑定、「注釈分法小題拆字」山左の張錚《ちょうそう》・上元の陳方平《ちんほうへい》鑑定、など）を咀嚼する者に勝らぬことがあろうか。これは迂遠な方法のようで、じつは早道の方法なのである。塾師たる者はどうしてこの方法を試さないのか〔まず論を学んでのちに時文を作る、まず雑体詩を学んでのちに試律詩を作る、その方針は同じである〕。これだけではないのである。弱冠以前、古文の作り方を学んだことがなければ、筆を揮って言葉をつづるも、ただ両句の破題・三行の起講の捜索からはじめ、他日成就してから、思い切り筆を揮って作ろうとしても、束縛からは終に脱け出せない。前の明代および近世の古文名家は学力を費やしつくしても、やはり時文の気格から脱け出していないようだ。「少成習慣」の言葉通り、賈生はどうして我れを欺こうか（「漢書」賈誼伝に「少成は天性の若く、習慣は自然の如し」とあり、若いころ養成した習慣は、その人の天性のごとく、自然で堅固だという）。

高頭講章を墨守することを忌め

「四書」は朱注が最も精しく最も顕らかである（「四書章句集注」は、宋の朱熹が「大学」一巻「中庸」一巻「論語」十巻「孟子」十四巻に施した注釈）。澄み切った心でこれを観れば、すべての語が明瞭である。「合講」（「四書合講」十四冊は、清の太末の翁復、字は克夫の編次）「体注」（「四書体注」六冊は、清の苕渓の范翔、字は紫登の参訂。嘉慶元年刊本）の属は、腐陋《ふろう》で憎むべく、人の性霊を埋没させる。世間には経に通じた博覧の人で朱注を理解できぬ者など断じていない。時文のために計るに、ただ「四書彙参」だけは、捜引の見るべきものがかなり多い（「四書本義彙参」四十五巻で、清の王歩青、字は漢階、金檀の人、の著）。しかしかならず没頭して研究せねばならぬかというと、それは必要でもない。おもうに、群経に通じなければ、決して四書に通じることはできない。ただに「彙参」のみならず、宋人の語録を読みつくしたとしても、無益である。「四書釈地」〔国朝の閻若璩《えんじゃくきょ》の著〕（「書目答問」経部経注経説経本類に「四書釈地一巻、続一巻、又続二巻、三続二巻、閻若璩」とある）「郷党図考」〔国朝の江永の著〕（十巻。経伝中の制度名物で郷党に関するものを取りあげ、図譜・聖跡・朝聘・宮室・衣服・飲食・器用・容貌・雑典の九類に分ける）の二書は、看るのがよい。近人の「四書経注集証」（十九巻。清の呉昌宗、字は文園、江蘇呉県の人、の著。嘉慶三年、江都汪氏刊本）も好い。

「四書」一編は、群経の綱維であり、万理の淵海である。今世の学人のその識解の趣向は、おおむねみな「四書」を講じ時文を学ぶ時から開かれる。先入見があれば、終身にわたり自抜できない。そもそももっぱら講章を抱き制義（八股文）を作るのは、終身にわたって佳文がないに過ぎない。もし講章の理はつまり「四書」の理だと誤認すれば、天下に人材がいなくなることになるだろう。

濫調を忌め(119)

習俗の濫調は人を憎悪させ、大いに全巻の累《わずら》いとなる。ここで童試のもっとも習見する数条を挙げて、厲禁《れいきん》すべきを掲げよう〔講首：一理の□□する所也、一理の□□する所也、一理の□□する所也。誤れり矣、また迂なり矣。講尾：□□、其れ□□乎。正に謂うを得ず云云。起講で賓・主の両扇（扇は八股の股である）。講下：然らず、何則。夫れ人は必ず明らかなる乎《か》云云。理には浅き有り、亦た深き有り。其れ浅き也歟哉《かな》。其れ深き也。凡そ事は之を論ずるに情を以ってするは、之を論ずるに理を以ってするに如かず。後比：惜しむ也。幸い也。会心の下、別に深心を具う。世味・道味、勢分・性分。五百年の道統、十六字の心得。万至らず。情も亦た知る。我れ儀として之を図る(120)。三排四排の空話。この外は類推せよ。童試の試験場では何の題であろうと、多く口気に入らなければ(121)大いに非である。たとえ他人の語を転述しても、よろしくない。篇を通して語気（孔子・孟子など聖人の語気）ある文を作るのはさらにいけない〕。

奇格・偏鋒を忌め〔たとえば、訳もなく両大比、三大比（大比は八股の中股をいい、同型の偶句で構成せねばならない）、あるいは前後四比に分けるの類、および正解を守らない〕

双字を足し合わせて篇を成すを忌め〔たとえば、「操修詣力」「黽皇図維」「糾虔刻厲」「猷為鼓舞」の類で、篇を通してまったく真意は無く、ただこれらの字面を合わせて構成しただけ。これは近ごろ二十年来の陋習である〕

理解できないことを忌め

文は全体を通じて白話で解釈できるものを上とする。時文の病いは、表面は円満で金石のごとく響くが、しかしくっつけ詰めこみ、雑然として秩序なく、重複・合掌ばかり、本人みずから説明させれば、きっと口をつぐむ。これは真理・真意が無いからであり、名稿・名墨には必ずこれが無い。

妄りに一経を取って中心柱とするを忌め

時俗の悪習は、何の題であろうと、ややもすれば「詩教」「易教」といい、経を専らにすると号するが、じつは支離滅裂で、無理やり騒ぎを起こす。文体に妨げがあるのみならず、じつは経学に有害であり、痛絶すべきである。

詩賦の語や後世の語を忌め

時文にはおのずと体裁があり、史事を包含できはするが、あからさまに書くことはできない。使者《わたし》が選んだ「江漢炳霊集」[122]は、才気には富んでいるけれども、理法はとりわけ密であり、かつみな題に合わせて文を運び、引用は適切で、誤解するはずがない。「櫝を買って珠を還す」[123]では、文体を傷つけることになる。

挙業家は風気を揣摩（推し量る）することを忌め

風気を揣摩するとは、人意に迎合し、道を変えて時に逢わせるという意味である。卑しい男のやり口を、君子はやらない。人であれ文であれ、理には何の違いもない。なのに挙業家が当然と見なし、父親・教師がこれでもってその子・弟子に望むのは、まったく陳咸《ちんかん》の父が子に諂《へつら》うよう教えるようなもの[124]、恥ずべく怪しむべきである。ましてや試験官は多く、科目は新旧で異なり、嗜好も同じでない。たとえ迎合しようとしても、それはまたどうしてできようか。主考官が答案を選ぶとき、脱俗のものに遇えば刮目して欣賞し、陳腐なものを見れば顰蹙して悪寒が走ることを、どうして知ろうか。試験に応じる文章は、ただ僻でなく、怪でなく、晦でなく、渋でなければ、十分だ。華と実とを兼ね備えれば、自分を知らないなどと心配することはないのである〔「戦国策」の揣摩《しま》の字義[125]は「鬼谷子」に出る。その書には「揣篇」（第七）「摩篇」（第八）があり、距離をおいて様子をうかがうことをいい、孟子のいわゆる「言餂(126)」のようなものである」。

一、試律詩(127)

工〔軽率でない〕・切〔浮泛でない〕・荘〔軽薄でない〕・雅〔陳腐でない〕がよい

詩の上乗は、おのずと雄渾超妙を善しとする。しかし初学の者にこれを語るのは容易でない。かつ試験の試律詩にはおのずと体裁があり、まず規則にかなうことを求め、それからやっと「神にして之を明らかにす(128)」と言えるのだ。

古人の詩を読むのがよい

初学の者はまず唐・宋の古今体詩を読み、かつその作詩を真似るのがよい。それから試帖詩を作れば、事は半ばで功は倍である〔ただ尋常の景物について、五言の短い古詩・七言絶句を作らせ、その胸中にやや詩情が生まれれば、試帖詩も苦ではなくなる〕。これは本務であり、しかもじつは早道なのである。

杜甫の詩に「詞林に根柢有り」という（「八哀詩・秘書監江夏の李公邕に贈る」に「憶う　昔

李公存し、詞林に根柢有り」とある)。時文・試律詩ももちろんそうである。「唐試律」(「唐試律箋」二巻、朱琰の輯選。唐人の試律詩百首余りを収める。乾隆二十三年、明徳堂刊本)のほかに、「庚辰集」(六巻。紀昀が子・生の為にした講課。はじめの五巻で康熙庚辰から乾隆庚辰まで六十年間の試律詩を選評し、最後の一巻は、唐代の試律詩を選評する。乾隆二十五年に成る)はかならず先に読んで、気韻を獲得せねばならない。これはみな博通した名手の作で、それゆえ典核樸雅《てんかくぼくが》である。時論はその拙さを問題にするが、間違いである。その典実を理解せず、その用字の出処を知らぬだけである。わかる者はただその妍雅を感じるだけである〔紀氏(紀昀)の「唐人試律説」は、近人は「先に礼楽に進む」野人の言と見なすが、しかし一覧せざるをえない[129]〕。

「七家詩[130]」は善く学ぶのがよい

四川省では今この時盛行し、読まぬ人は無く、学ばぬ人は無い。この詩は才調がまことに佳く、庸俗とははるかに異なる。しかしその中にはつねに老手頽廃の作があり、これを善く学ばぬ者は、そこで軽佻浮薄・粗雑叫号の弊害が起こるのを免れない。この病いはとても深く、絶対これを自戒せねばならない。およそ古しえを学ぶ者は、長を取り短を棄てることが大事だ。

館閣詩を読むのがよい(131)(132)

詩体の格調はそれほど高くはないが、気息はとても平静で、字句はかならず妥当を求める。これは受験の詩の正宗である。試律詩のスタイルは、その源は唐人から出たもので、試律がこのスタイルを創立したときは、すなわちこのような体裁だったのである。

語助・語詞を忌め

この病いは四川省がもっともはなはだしい。昔より試律詩にはこのスタイルはなく、雑体詩にも稀である。ままあるいはこれがあるが、手本としてはならない〔「焉・哉・乎・也」および「而」字・「其」字の類をいう。而・其などの字は、語詞である〕。

軽佻浮薄を忌め

迂腐《うふ》はもとより佳くないが、軽佻媟狎《せっこう》はとりわけ忌むべきである。文章を校勘する試験官がこれを見れば、もっとも目立つのである。

畳字を用いることを忌め

たとえば、重重点点〔明の程辥《ほっ》の「西江月・秋興」の「隔岸の重重たる竹樹、近渓の点点たる潭煙」のようなものか）、上句が「花月」下句が「月花」の類。

対しないことを忌め

虚実軽重、字面門類は、つとめてあい等しくすべきであり、これがいわゆる律である。ざっと大意を観て対句が妥当だと思ってはいけない。技巧的な仮借もいけない。

破題(133)が緩慢すぎることを忌め

近今の詩律の題字は、起こりの二聯で点じおわるのがよい。一句五字のうち、すべてに題字を用いるべきではない。俗に「罵題」（題旨を排斥し、反面から論を立てる）と名づける。

古人の一句をまるごと詩に入れることを忌め

この病いを犯す者はとても多いが、何人が始めたのかわからない。昔はこのスタイルは無かった。

一、賦

題にあわせてスタイルを制するのがよい

古賦にするか律賦[134]にするかは、その題を視なければならない。古に擬するものは、古人の元の賦体を用いるのがよい。平正板重の題は、律がよろしい。繊細な詠物の題は、律体でも、あるいは六朝体に擬するのでもよい。博大頌揚の題、および古を詠じて大議論のある題は、古でもよく、律でもよい。

試験場の賦は、法としては古体を用いることができる。しかし古賦はけっきょく博学の人が著作する事であり、受験者はまず律賦に工みになることを求めればよいのである。たとえまま古賦を用いるべきものがあっても、ただ楷書を書くのに法帖を臨摸《りんぼ》するごとくでよく、上はその気韻を取って規矩に合わせ、下はその形態を模してその俗を驚かすところを去る。(さすれば)やや受験においてはよろしい。しかしこれは試験のための言、つまりどうしてもやむを得ない場合の論であり、著作して古を学ぶ者のための言ではない。

古賦を学ぶのがよい

「選賦」（六巻。「文選」所収の賦に、明の郭正域の評点、凌森美の校訂を付して、呉興の凌氏鳳笙閣より刊行）「六朝唐賦」（「選注六朝唐賦」で、清の馬伝庚、字は虞揚、浙江会稽の人、の選編。「選賦」の後を継いで六朝・唐の賦四十篇を収め、古律融合の賦学観を体現する）は、みな必読書である。律賦に唐賦があるのは、時文に明《みん》文があるようなものである。

坊行の律賦は、かならず集約簡平を旨とし、ちょうど初学の者によろしい。国朝の張恵言の「七十家賦鈔」（「書目答問」集部総集類に「六巻。張恵言編。康刻本」とある。先秦から南北朝までの辞賦撰集。屈原の「離騒」から北朝の庾信《ゆしん》の辞賦までの二百六篇を収める。道光年間康紹鏞刻本）は、古雅で詳備、読むことができればもっと佳い。

名家の賦は善く学ぶのがよい

国朝の賦家は、大手筆がもっとも多く、才力はじつは唐人に勝る。善く学ばぬ者はおそらく堆積汜濫の病いを来たすだろう。呉祭酒（錫麒《せきき》）の賦（呉錫麒、字は聖徴、号は穀人、銭塘の人。駢文作家として著名で、呉鼒《ごし》は「奇を矜らず、博を恃まず、詞は必ず経史に沢《うるお》い、体は必ず古初に准《なぞらえ》る。……漢魏六朝唐人を合わせ一炉と為し之を治す」と称賛する。賦では「有正味斎賦稿」がある）および鮑（桂星、字は双五、号は琴舫、安徽歙《きゅう》県の人。「覚生詩鈔」の著がある）・顧

（元煕、字は麗丙、号は耕石、江蘇長洲の人。「呉季子挂剣賦」が有名）・陳（沆）三家の賦は、みな近時の名家であり〔京師には合刻本がある〕（「四家賦鈔」四冊、景其濬、字は剣泉、貴州興義の人、の輯。同治九年刻本）、学ぶべきである。この外の選本は、一格にこだわらず、ただその書巻気があって渋滞せず、格調が整斉で官韻をちゃんと押しているものを見つけたら、学ぶべきである〔たとえば坊刻の「挿花窓」（楊昌光、字は秋笛、号は花塢、湘陰の人、の「挿花窓賦草」二巻、嘉慶十七年、積秀堂刻本、だろう。なお楊には「挿花窓詩賦小草」九巻、「酔窓試帖詳注」四巻もある）「少岩賦」（夏思沺、字は湧波、銅陵の人、の「少岩賦草」四巻、道光九年、右文堂刻本、だろう）の類は、学ぶ必要はない〕。

篇尾で歌を作ることを忌め

六朝の小賦にはままこれがあるが、試験場でこれを真似れば、浮薄でもあり、卒爾でもある。「選賦」の篇尾は、あるいは「乱」といい、あるいは「頌」といい、おのおの体裁があって、口実にはできない。

篇を通じて四字句にすることを忌め

古人にはままこれを律賦に施す者がいるが、短促で気を傷つける。宋広平の「梅花の賦」は、宋人の偽作にすぎない。前人がすでにこれを明らかにしている。(135) 舒元輿の「牡丹の賦」のなかでは、六字句がなお少なくない。[136]

みだりに騒体（「離騒」を中心とする「楚辞」のスタイル）を真似ることを忌め

この地の試験場で、この体はじつに多い。無病の呻吟は、もっとも意味がない。

毎段に四六の聯が多すぎることを忌め

多ければ遅鈍渋滞する。もし唐代の法で論じれば、毎韻中、四六の隔対はただ一聯だけ用いるのがよい。今はこのように深く論じるのは難しいが、しかし過多である必要はないのである。近代の名家の賦の中で、一段に往往にして三四聯の四六が有るものは、じつはみな違法なのだ。書を読んで古しえを嗜好し、文章の流別を洞察する者は、おのずとこれがわかる。およそ擬古の詩賦や論は、みな頂格（一行を書きおえて次行にうつるとき、最上格から書き出し、字空きの無いようにする）して書写するのがよい。おもうに、試験答案で二字下げして書く者は、頌揚して擡頭（貴人の姓名などを次行に送り、他の行よりも一二《いちに》字分高く出して尊敬の意を表す）するために設けるのであり、古人に代わって言語するからには、擡頭することはおのずと無い、どうして字下げの必要があろうか。擬古題でなんと末段で頌揚する者がいるにいたっては、あまりにも迷謬で、論じるに足りない。

詩賦中に習見する誤りやすい字を附挙する[137]〔五方で同じものは、いちいち論じない〕

平仄《ひょうそく》を誤って逆にする字、たとえば、「賞」〔仄、賞罰〕と「償」〔平、償還〕、「頃」〔仄、頃刻〕と「傾」〔平、傾覆〕、「訊」〔仄、音訊〕と「詢」〔平、諮詢〕、「具」〔仄、備具〕と「倶」〔平、耦倶〕、「聆」〔平〕、「応」〔平は、当なり。仄は、答なり〕、「教」〔平は、虚字、誰か…教《し》む、仄は、実字、政教〕、「令」〔平は、虚字、能く公をして喜ば令む、仄は、実字、号を発し令を施す〕、「騎」〔平は、虚字、馬に騎る、虎に騎る、仄は、実字、車騎、万騎〕、「量」〔平は、虚字、揣量する、仄は、実字、器量〕、「漫」〔漫漫は、平仄の両音、漫《みだ》りに道《い》う、水漫たり、は、仄に読む〕、「紹」〔仄〕、「占」〔平は、占卜、仄は、侵占〕、「攘」〔平は、攘奪、攘除、仄は、擾攘〕、「丕」〔平〕、「捻」〔仄〕、「踞」〔仄、古しえは「居」に作った。だから「集韻」には平音がある。今はめったに用いない〕、「祇」〔平、祇は神祇の字と音異形同であるはずだ〕、「祇」〔平、祇敬〕、「嗣」〔仄〕。

意義が混じる字、たとえば、「尤」〔過ちである。尤寡《すくな》し、尤を抜く〕、「猶」〔尚おである。猶お且つ〕、「盍」〔何ぞ…ざるである〕、「何」〔詰問の詞〕、「郤」〔隙と同じく、晋の大夫の姓〕、「卻」〔退くである。却が正字〕、「也」〔順承直断の詞〕、「耶」〔疑惑して定まらぬ詞、義は乎字と近い〕、「摹」〔模と読む。摹倣。〔平声〕虞韻〕、「摩」〔磨と読む。蕩摩、揣摩。〔平声〕歌韻〕、「束」〔結束。口に従う〕、「朿《し》」〔つまり芒刺の刺〕〔別テキストでは、さらに「廉〔廉隅・堂廉は此れに従う」、帘《れん》（帘幕）」とある）。

俗・別で本の無い字、たとえば、「廬」（广に従うは偽、厂に従うは非」、「散」（月に従うは偽、日に従うは非」、「惟」（佳に従うは偽、佳に従うは非」、「忍」（上半は偽って任に作る」、「陽」（右半は偽って易に作る」、「祀」（己に従うのでない」。

鄙俗の語、たとえば、詩賦中では「世界花花」の四字をもっとも喜んで用いるが、何の典故から出るのか知らず(138)、鄙俗はすでに極まっている。またたとえば、「堪誇」（誇れる）「行為」（挙止行動）「闊論」（大言壮語）「者辺」（こちら）「一箇」（ひとつ）などの類も、はなはだ俗なものである。

一、経解（黙経の試験に対応する）

これは文字でもって論じられるものでなく、小学に通じ漢学に通じてから、得失を言おう。もしただ坊本の「五経」を読んだだけならば、受験時にはこの科目をかならずしも自分から択ぶことはない（小学は、六書の学をいい、「漢書」に見える（「漢書」芸文志に「六書は、象形・象事・象意・象声・転注・仮借を謂う。……造字の本也」とある）。「小学集注」の小学ではないのである(139)」。

一、経文

経義を発揮できることを第一とする。かならず注疏にもとづいて古義を多く捜し、淵奥博洽、訓詁は爾雅であって、はじめて合格となる。もしただ「体注」（康熙年間に刊行された、苕渓の范翔、字は紫登の纂輯、蕭山の来爾縄、字は木臣の参訂になる「易経体注」の類か）の諸書を墨守するだけならば、その巧拙は論じるまでもあるまい。かならずやむを得なければ、文が勝り、またかならず古藻・宏辞の有るものを佳しとする〔経文は「御纂」（前出の康熙年間奉勅撰「御纂七経」だろう）を恪守すべきだけれども、しかし別解・異聞も、捜羅・駁弁し、補助としてかまわない〕。

一、策（試験問題、またそれを書いた札。策論の試験に対応する。一定の材料を定め、それからそれにたいする解決案を書きだす）

沈約は策を受けたが、わずかにその半ばを知るのみ。(140) 朱買臣が公孫弘を論難すると、（弘は）十に一も答えられなかった。(141) 策に対えるのはどうして容易だろうか。しかし普段多く読書する者、学問に門径のある者は、おのずと知識を多くそなえており、眼を見開いたまま茫然とするには至らない。これも時文のように倉卒の間に処理できるものではない。近ごろ坊間に「十三経策案」（二十二巻。清の王謨《おうぼ》、字は仁圃、江西金谿の人、の彙輯、喩《ゆ》祥麟《しょうりん》、字は文昭、南昌の人、の編次。乾隆四十二年、宝田斎刊本）「廿二史策案」（十二巻。王鎣《おうよく》、字は耕三、の輯、道光十一年、緑陰山房刻本。巻一・二は史総類、巻三は古史類、巻四から七は正史類、巻八は通鑑・綱目類、巻九から十一は史雑類、巻十二は史余類）のあるのを見たが、両書は引用の根拠がなかなか浅陋でなく、言うところは経・史の要領が多く、「宋人策料」（未詳。ただ、「四庫全書総目提要」巻一三七子部類書類存目一にあげる明の朱景元の「経学隊仗三巻」に、「此の書は道徳心性等の字を以って分類標目し、而して経語を雑引し、以って其の義を疏す。詞は皆な対偶なるに因り、故に隊仗を以って名と為す。実に宋元時の科挙策料なり」と説明し、「策料」の意味はわかる）「八面鋒」（「永嘉八面鋒」十三巻、列目九十二条。宋の陳傅良の作で、予め程式を擬し、士子が受験で策に答えるための参考とした。清の陳春は「物の犯す可からざる者は鋒、鋒にして八に至らば、則ち面面相い当たり、往きて利ならざる無し。場屋に鈍を救うの薬は、此れより善為る莫し」と称賛する）の比ではまったくない。もし常に披覧し、類推考究することを承知すれば、根底の学にとって大いに有益である〔近人の翁元圻の注する「困学紀聞《こんがくきぶん》」（「翁注困学紀聞」二十巻。南宋の王応麟、字は伯厚、浙江鄞県の人、の考拠筆記で、説経八巻、天文・地理・諸子二巻、考史六巻、評詩文三巻、雑識一巻からなる。それに清の翁元圻、字は載青、浙江余姚の人、が注し、乾隆三年、馬氏叢書楼刻本など）黄汝成の「日知録箋釈」（「日知録集釈」三十二巻。清の顧炎武、字は寧人、江蘇昆山の人、の学術筆記で、およそ経義・吏治・財賦・史地・芸文など、みな「其の原委を探り、得失を考正し、論拠は精詳、文理は通達」で、「名山絶業の作」とされる。それに清の黄汝成、字は庸玉、号は潜夫、江蘇嘉定の人、が道光前の九十余家の学者の研究成果を集め注した。道光十四年、嘉定の西渓草廬刻本）の類も、好い。二書の用処はとても大きく、たとえ策問応対の計として、常に読んでも好い」。要するに、経文はあるいは門外漢を欺くことができようが、策の応対は普段多く読書するほかには、別に早道がないのである。

策の応対の中で、前には執事云云と称し、後には士云云・生云云と称する。これは旧式で、近今はずっと前から用いられていないのは、磨勘（科挙のとき郷試・会試の答案にたいして翰林院の儒臣を派遣し再点検すること）を犯すことになるからだ。[142]

一、古今体詩

これは専門に研究した著名学者の学であり、どうして数語で尽くせようか。しかし試験場での経古試（院試前のテストで、経解・史論・詩賦から一門を選んで答える）にはかならずこの体があるので、しばらくその略を述べよう。第一には博覧を先とし、列朝の詩家の源流派別をほぼ知って、はじめて入門したと言える。一家を摸倣して、やや得るところが有れば、はじめて佳い処を得られるのである。その詩法・詩律の門径にいたっては、前人の古題の解、声調の譜、芸を談じ詩を説いた作、「玉屑」（「詩人玉屑」二十巻、南宋の魏慶之、字は醇甫、号は菊荘、建安の人）の詩話集。巻一は詩弁、巻二は詩法、巻三以下は詩体、巻十二以下は古今人物の品藻である）「金粉」（「唐詩金粉」十巻、清の沈炳震、字は寅馭、号は東甫、浙江帰安の人、の纂輯した類書。雍正二年、冬読書斎刻本。巻一は天文・時令・地理、巻二から四は人事、巻五は人倫・仙釈、巻六は職官、巻七は文史、巻八は宮室・服御・兵器、巻九は飲食・技術・音楽、巻十は花木・鳥獣・魚虫）の編が、すでに詳しく述べており、ここではただその禁忌だけをざっと述べておく。[143]

理無く情無く事無きを忌め

理が有り情が有り事が有る、三者がすべてそろってこそ、味が有るようになる。詩に味が有るまでになると、極品に至る。この数語は簡約だけれども、前人の衆論をかなり概括しえている。詩を学ぶ者は試しにこれを体得してみよ。新城の王文簡は詩を論じて神韻を主とするが、[144]神韻を言うより神味を言うほうがよいとひそかに思う。

音調が合わないことを忌め

古詩にはおのずと音節・平仄があり、多読すればおのずとそれがわかる。俗な教師は律詩について「一三五は論ぜず」（一句七字のうち第一字・第三字・第五字の平仄は問題にしない）の説を持つが、大誤謬である。古人の五言律詩・七言律詩には、おのずと拗救《ようきゅう》の法がある。[145]すでに律と目している以上、どうして「論ぜず」の理があろうか。拗救の説もとても繁雑であり、もしすぐには理解できなければ、試律詩の平仄に照らして作れば、まだ大差はなかろう。古詩はとりわけ律句（一句中で二音節を単位とし、後の音節に重点を置きつつ、平仄を交錯させ、格律詩の句型を成す、これを律句という）の多いことを忌む〔（初唐）四傑（王勃・楊炯・盧照鄰・駱賓王）・長慶（唐の白居易・元稹）の体を学ぶ者は関係ない〕。五言古詩で、題目において博大典重なものは、古韻を用いるものを合格とする。碑版銘頌で韻語のあるものは同じである。古韻の説はとても繁雑だが、顧亭林（炎武）の「音学五書」（音韻学の著作で、「音論」「詩本音」「易音」「唐韻正」「古音表」の五書から成る。とくに「古音表」二巻は、古韻を十部に分けて配列する）を読めばおのずとわかる。[146]

体制の雑糅たるを忌め

古藻（古典語）と時調（現在の流行語）を同篇に混ぜ並べ、法語（礼法にかなう語）と情言（愛情表現の語）を一篇に同居させる。これでは発言が放漫無礼になってしまう。[147]

宋以後の事、宋以後の語を多用することを忌め

これはもちろん修辞の要訣であり、何大復ら諸人[148]はこの説を持す。後人がこれを誹るのは、非である。史事を論じる者は関係ない。

俗語を見た目で真率とするを忌め

近人はこの病いを持つ者が多い。理語を好む者は陶（淵明）から出し、俗情を言う者は白（居易）に託すが、古人を罪におとすものである。

粗獷の語を見た目で雄肆とするを忌め

宋以後にはこの病いが多く、近人はとりわけ甚だしい。蜀中の詩派はこの風に染まっているようだ。試しに点検してみよ。(149)

陳腐で俗に落ちるのを忌め

古人の名手は、いつも生硬に傷ついたが、今世の名家は、ただ陳腐を患うのみだ。(150)

纖巧を忌め

題の制し方がちまちまし、詞のつづりが切れ切れなのを「纖」とする。対句が仮借で、比附が細密なのを「巧」とする。どちらも専門家のやることではない。(151)

険怪・苦渋を忌め

李昌谷（李賀）の詩は零句を集めたもので、本伝に見える。(152) 賈長江（賈島）の詩は散聯を足し合わせたもので、「唐詩紀事」に見える。(153)（その詩は）とくに詩教からはるかに隔たるのみならず、古来の大家にはこの作法はまったくない。その険怪にして平易でなく、苦渋にして通達でないのは、まさにその才が短いのであって、その格が高いのではないのである。

情事・景物を架空で造り、無いものを有るものとすることを忌め

たとえば、「長安で漢を見る」(154)「宣城は江に臨む」(155)の類。

見た目は古しえを踏襲するようだが意味の無いことを忌め

体制はかならず古しえを学ばねばならないが、ただ意味の有る場合にかぎる。明の鍾・譚が「七子」を非難し、(156) 近人が性霊を主張するのは、(157) 本来よりもいっそう誇大しており、とりわけ非である（別のテクストでは、ここに「性霊は断じて少く可《か》からず、但し出すに雅《が》飭《ちょく》蘊藉《うんしゃ》を以ってする耳」という小注がある）。

大言して恥じないことを忌め[158]

詩家はつねに過分に自賛する語が多く、恒例とみなすが、ことに哂うべきである。五言古詩は散漫堆積を忌み、七言古詩は空廓平直を忌み、五・七言の律詩は枝《し》節《せつ》飣《てい》餖《とう》（些細雑多）を忌み、絶句は剽滑を忌む。各体共通の禁忌は、「言外に余味無し[159]」ということである。

一、古文、駢体文[160]

試験場での策論は散文を用い、今は通じて古文という。策の応答にはまま駢文（四六駢儷文）を用いるものがあるが、しかしいつも有るわけではない。ただ翰林院の応奉文章で用いるだけである。しかし駢・散の両体は分離できず、今は並行して説こう。周・秦から六朝までは、文章に駢・散の別はなかった。中唐から今までに、分かれて両体となった。おのおの専門家の長所があるが、しかしその実は一つである。義例は繁多で、つぶさに挙げることはことに難しい。試しにその略を言おう。古文の要は「実」といい、駢文の要は「雅」という。実は事有るにより、雅は理有るによる。散文は虚字が多く、ゆえに事が足らないことになる。駢文は詞華が多く、ゆえに理が足らないことになる。おのおの偏枯を免れれば、美を尽くすということになる。さらに重要な一義があり、いわく、「古文を作れない者は、その駢文がわかる。駢文を作れない者は、その古文もわかる」と。

国朝の古文専門家としては方〔苞〕・姚〔鼐〕から提唱され、「桐城派」と名づける(161)〔やはり「史記」・「漢書」・昌黎（唐の韓愈）・介甫（宋の王安石）を学んだというけれども、じつは遠くは欧（陽修）・曽（鞏）を宗とし、近くは震川（明の帰有光。「書目答問」別集類に「震川文集三十六巻、別集十巻」とある）に法《のっと》る」。まだかならずしも古文の変を尽くしていないけれども、しかし初学の者はここから手をつけるのがとてもよい〔侯（方域、字は朝宗、河南商丘の人。その風格は「清新奇峭」、伝記散文に長じる。同上に「壮悔堂集十巻」がある）・魏（禧、字は氷叔、号は裕斎、江西寧都の人。古文では経世致用、積理練識を主張。同上に「寧都三魏集七十二巻」がある）の両派は善くない」。近人の刻本には「帰方評点史記」(162)があり、読むべし〔まず法度の観るべきものを求め、それから神明の変化を論じるのは、書家の九宮法(163)のようなものでもある」。

国朝の駢文を講じる者は、名家が林のごとく、宗派を標榜することはないけれども、だいたいもっとも高い者は晋宋の体を学ぶ者が多い。この派が斉梁派・唐派・宋派より勝るのは、その樸雅《ぼくが》遒逸《しゅういつ》のためである。明の王志堅《おうしけん》の「四六法海」（「書目答問」集部総集類に「四六法海十二巻、明の王志堅の編」とある。志堅、字は弱生、号は淑士、江蘇昆山の人。この編は「大抵は挙業の為」であり、魏晋から元までの駢文七百二篇を、体により四十類に分ける）、国朝の李兆洛の「駢体文鈔」（同上に「三十一巻、李兆洛の編。康刻本」とある）、曽燠の選「駢体正宗」（同上に「国朝駢体正宗十二巻、曽燠の編」とある）を取って読めば、駢文の指向を知ることができる。要するに、「文」「学」の二字は古しえからたがいに因果してきた。文の巧みなるを期せんとすれば、まず学の博なるを求めよ。空疎浅陋、（李商隠の「李小吉小伝」でいう作詩に苦しんだ唐の李賀のように）心を嘔吐し、（宋の蘇軾が「虔州慈雲寺の鑑老に贈る」詩で「窓間に但だ見る蠅の紙を鑽するを」と述べたように）窓紙に突っ込むようなことをしても、無益である。[164]
梁の劉勰の「文心雕龍《ぶんしんちょうりゅう》」は、觚《こ》（むかし文字を書いた四角の札）を操る者（詩文を作る者）の圭臬《けいげつ》（圭は夏至・冬至を定めるため日陰を計る道具。臬は射的。転じて、標準）である。かならず討究せねばならない。

一、字体（試験時の書法に対応する。試験官が答案を見るときは、まず書法を見、それが合格しなければ、内容まで見ない）

字体は正しいのがよい

悪俗な字体は絶対筆端に上してはいけない。坊刻の「正字略」（清の王筠《おういん》、字は貫山、号は菉《りょく》友《ゆう》、山東安丘の人、が、「干禄字書」の体例にのっとり編撰。道光十二年刊）・「字学挙偶」（一巻。清の龍啓瑞、字は輯五、号は翰臣、広西臨桂の人、が、長沙の黄本驥、字は虎痴の著により、「四庫全書弁正通俗文字」を手本として、弁似・正訛・誤用諸字の三類に分ける。道光十八年刊）の類は、大略がわかる。しかしかならずその本を求めれば、心にその意を知り、おのずと類に触れて引き伸ばし、筆を執っても誤りの無いことになる。本というのは、「説文」を読み、小篆（秦の始皇帝のとき、李斯が作った字体で、天下の文字をこれに統一）を識るという意味である。

「字典」[165]の古字は、断じて書写してはいけない

「字典」の一書は、その体例は網羅して遺す無きにあり、正・訛・雅・俗を問わず、すべて収録し、多く存して詳しく弁じるが、収録字がみな通行できるというわけではない〔唐・宋に出た古篆は、一半は俗な教師の訛伝から出、一半は道士の偽造から出る〕。愚者は古学の謂《い》うことがわからず、なんと「字典」に存する別体を余すことなく収集し、これを試験答案に書く。人を見下すつもりだろうが、それが格式に違うことはもちろんである。俗人は驚き、通人は哂う。雅でないのみならず、俗も甚だしい。

近世で「説文」に通暁する者は、また篆書の筆勢を真書（楷書）の点画に改めようとするが、源・流があい因って体制がおのおの別れることを知らないのだ〔中間にはまだ隷書の一関が隔てる。どうして飛越できようか。けっきょくは全改することなどできない。今「六書本義」（十二巻。明の趙謙、字は撝謙、浙江余姚の人、の著になる字書。宋の鄭樵の六書論を祖述し、六書本義と子母相生の理を説く。事類に応じて、数位・天文・地理・人物などの十類に分かち、「説文」の部首を三百六十部にし、千三百字を収録）では、たとえば「之」（象形、「出也」）「也」（象形、

「女陰也」）の両字は、どのように改めているのか」。学ぶ者は心にその意を知ることが大事だ。これも賢知の人の過ちである。

書法は碑版を学ぶのがよい

書法はただ芸術の内の事にすぎず〔「四庫全書」で書を論じるものは、芸術部（巻百十二・百十三の子部芸術類「書画」）に収められる〕、受験用の院体の書[166]は、士人はおのずと技巧を求められることを理解しており、蜀の士のこれをほしいままにする者はとりわけ多いので、勧め導く必要はない。ただすべての事はそれぞれ根底があり、書法は碑版を知らなければ、俗を免れることができない。唐碑は楷書法の的《まと》であり、追従するのがよい。多才で学を好む者であれば、唐以前の碑刻を博く観ることで、書法の源流を洞察し悟ることができる。そこから篆書・隷書を貫徹すれば、大いに経を読み解き史を考察する資料にできる。国朝の金石家はもっとも多くもっとも精細だが、みなこの事が経・史に有益だからである〔おおよそ漢以前の款識（鐘や鼎に彫りつけた文字。款は陰文で、彫りさげて刻み、識は陽文で、浮きだして刻む）・碑刻は、その文字が経を証明できる。列朝の官私の石刻は、その事実・年月・地名・官制・姓字が歴史を補える。しかしこれは当時立てた碑を指し、法帖をいうのではない。帖は碑とは別である〕。文人の嗜好は異なるが、おのおの博から深を求めてよく、みな有用に帰すことができる。書法によって碑版を考え、碑版によって小学に通じ、史事を考える。韓昌黎（韓愈）のいわゆる「文に因りて道を見《あらわ》す」とは、まさにこの意味である。(167) 蜀中は古刻がかなり多いが、石質は朽ちやすく、著録する者は多く亡くなり、後を継いで訪れる者はまだ聞かない。この邦(四川)の学人がもし留意してくれれば、やはり文献に功績有る事である。学を好む者が書を学んでくれれば、小篆がきわめて佳い。これは経学の内の事であり、遊芸の事ではないのである。ただただ小篆を書写するのがよく(「説文」に載せ、(秦の)李斯・(唐の)李陽冰の書くものは、つまりこれである」、鐘・鼎の古文を書写してはいけない。それは筆で紙に書くものではなく、摸倣してはならない。摸倣する者は誤りである。(168)

書法は狂怪を忌め

すべての事はみな平正通達が大事であり、書法もそうである。ただ不学の人は始めはこれを驚きあやしみ、書の下手な者はこれを口実にして欠点をかくすのである。たとえば、李斯は小篆の祖だが、遺刻の両石は規則に合致する。蔡中郎(蔡邕)は八分の宗だが、かれの書いた石経は二度の模刻を経たけれども、規模はついに備わって謹厳工整である。篆書がこのようであるからには、楷書もわかり、その身心の放縦であるかどうかは、ここに見て取れる〔ただに真書(楷書)のみならず、草書でもよろしくない。草書は隷書から変じたもので、なお真書の先にあった。もし放蕩のままならば、体を失うことになる。(唐の草聖たる)張(旭、字は伯高、蘇州呉の人。草書にすぐれ、張顚、気ちがいの張とよばれた)・素(懐素、字は茂真、永州零陵の人。

草書にすぐれ、酔素、酔っ払いの素とよばれた）の作品を、蘇文忠（蘇軾）はすでに誹っているのである」[169]。

避諱字[170]は断じておろそかにしてはならない

前代は諱忌が繁多であり、その嫌いのある字はややもすると改写した。国朝は法令が寛大で、避けるべき字はべつに覚えにくくない。今田舎の諸生がしばしば忌諱を犯すのを見るが、大いに不可である。至聖先師（孔子の称号）の諱（丘）を、ややもすれば用いるにいたっては、とりわけ驚き怪しむべきで、ただに式に違い自から誤るのみでない。かつ身は学校にありながら、これさえわからぬとは、礼を知らずと謂うべきである。別紙で後に条挙する（後出の敬避字第五）。

学究語〔171〕 第四

〔前の三篇は、中人以下および郷塾の童蒙はすぐには了解できまい。別に二十四条を説き、初学を教授する者に告げる〕

「五経」「四書」は、官本を読むのがよい

〔湖北書局本はとても清朗だが、江南書局本「五経」はさらに好く、「周易」は程伝（北宋の程頤が注釈した「周易程氏伝」、別名「伊川易伝」八巻三冊）も兼刻している。どうしてもやむを得なければ、「春秋左氏伝」は「左繡」（「春秋経伝集解左繡」三十巻で、馮李驊、字は天閑、銭塘の人、の評輯。乾隆五十九年、崇義書院校刊）を読むことだ。注中に補正を付し、看るのがよい。句解を読んではいけない〕

学生が「五経」を読むときは、随時注に照らして講解してやるのがよい

坊間で編造した書は、絶対読んではいけない

〔村塾にはこれらの書があり、「五経」から采摘し成句を編造して、それで経を読むことに代え、謬妄《びゅうもう》は憎むべし。（家庭）教師でこれを弟子に授ける者は、雇い主たる親がこれを知れば、ただちに解雇するだろう〕

「四書」を読むときは、朱注（宋の朱子の「四書集注」）と一緒に読むべきだ

〔後日再度読むのを免れる。大字が小注と混じりあうのは覚えにくく、試験場では面倒な事だ。これは読書の古法ではないが、しかし時文を作るための計としては、こうせざるを得ない〕

「四書」を読むには、白話を用いて実事を示し、俗情をいうのがよい

〔空言腐語を用いて連類して及ぶことは断じて不可だが、古典の数条を兼ねて説くのはかまわない〕

「周礼節訓」・「儀礼約編」を読むのも、読まないよりはましである

〔「周礼節訓」六巻。清の黄叔琳、字は崑圃、北平の人、の撰。もともと家塾私課の本であり、周礼を節録して訓釈する。経文も完本でなく、輯めた注文も名氏を記さない。乾隆年間刊本。「儀礼約編」三巻。汪基、字は警斎、莘田の人、の鈔撰。康熙五十八年、敬堂刊本〕

字を識るには「(康熙)字典」を調べるのがよい

「字彙」(十四巻。明の梅膺祚《ばいようそ》、字は誕生、安徽宣城の人、の著。楷書の体により、「説文」の五百四十部首を二百十四部に合併し、三万三千百七十九字を収録)に頼ってはいけない〔すでに童蒙を教えることで食事にありついている以上、「字典」はかならず一部を置くのがよく、農夫の鋤鍬のようなものである。「字彙」はあまりにも卑陋で、頼りにできない〕。

小字は黙経(172)させせよ、大字は法帖を臨書させせよ

つねに学生のために朱子の「小学」を講じるのがよい

〔文を学ぶ第三の「経解」に出た「小学集注」だろう〕〔湖北には書局刻本がある〕

典故については「十七史蒙求」(十六巻)を講じるのがよい

〔宋の王令(字は逢原、河北大名の人)の撰。書の分量は多くないが、歴朝の人物・故実について捜羅はかなり豊富で、韻文なので覚えやすく、かつ宋人の書なので、これを案頭に置けばやや雅である〕〔唐の李翰の「蒙求」にならい、四言の韻語で、上下両句は対偶。その冒頭は「宋璟は第一、李広は無双。燕許の手筆、李杜の文章」〕

唐詩は「(唐詩)三百首(173)」に、「古詩源(174)」を兼ねて読むのがよい

〔「三百首」は簡約にして精密で、熟読するのがよい。「古詩源」は歌謡が多く、童子の喜ぶものだ。両本は全部読むのがよい。坊行の「古唐詩合解(175)」は善くない〕

詩韻は「韻弁附文」を看るのがよい

〔「韻弁附文」五巻。清の沈兆霖、字は朗亭、号は雨亭、銭塘の人、の著。清代の官韻たる「佩文韻府」の韻目により、どの字もその韻部平仄を示す)〔前任の(四川)提学たる夏路門翰林(夏子鍚、字は路門、また鑾坡、江蘇高郵州の人。同治二年に張之洞と同科の進士及第、その答案「癸亥恩科会試硃巻」が残る。同治九年八月から四川学政をつとめた)が(同治十三年に)刻したもので、校勘は誤りが無い。詩韻はこの一部を看れば、断じて出韻(韻にはずれる)にはならない。「集成」(「詩韻集成」六巻。清の余春亭の編。「佩文詩韻」の百六韻により韻字を分類配列し、毎字に習用の詩歌語彙を付け、簡約な注釈を加える)「合璧」(「詩韻合璧」五巻。清の湯文璐の編。「詩韻珠璣」「漁古軒詩韻」二書を統輯して成ったので、合璧という。百六韻により配列し、上欄には「詩腋」「詞林典腋」二書を配する)の属は、「類典」(受験用の類書。「四書人物類典串珠」四十巻、清の臧志仁、字は訒斎、上元の人、の編輯、嘉慶年間刊本。あるいは「四書五経類典集成」三十四巻、清の戴兆春の輯、光緒年間刊本、をいうか)が有るけれども、翻版では偽誤が多い〕

古文は「史記菁華録」を読むのがよい

（「史記菁華録」六巻。姚祖恩、号は苧田、浙江銭塘の人、の選評。「史記」から名文を節選し、点評を加える。道光四年、扶荔山房套印本）〔書はただ四冊、評点は目を醒まさせる。[176] この外、古文選本としては、田舎では「古文釈義」（「学を語る第二」の「古人の文集を読め」に前出）を読まざるを得ない。しかしそれ以上削ってはいけない〕

論は「東莱博議」を読むのがよい

（「左氏博議」。「文を語る第三」の「時文」に前出）〔開筆（初めて詩文の創作を学びはじめる）のときもまず論を作るのがよい〕

試帖詩は「養雲山館試帖」を読むのがよい

（「文を語る第三」の「時文」に前出）〔詩の格は高くないが、しかし流弊がない。これを学ぶ者は受験しても、詩でもって事を誤ることはなかろう。「七家詩」（「文を語る第三」の「試律詩」に前出）はその拗体が無く、粗語俗語の無いものを選んで読ませよ〕

時文は「明文」〔必自集〕・「八銘塾鈔」・「〔制義・考巻〕約選」・「仁在堂時文」を読むのがよい[177]

（「明文必自集読本」長洲の汪份、字は武曹の定、湍喜斎写刻本、康熙刊）

（「八銘塾鈔」海塩の呉懋政、字は蘭陔、の編次。初集四巻は百三十六篇を収録、乾隆四十八年刊、二集不分巻は百三十四篇を収録、嘉慶十三年刊。「文を語る第三」の「時文」を参照）

（「制義約選」「考巻約選」。ともに太倉の李錫瓚、字は秬香、の編、嘉慶刊。「文を語る第三」の「時文」を参照）

（「仁在堂時文」盩厔の路徳、字は閏生、また潤生、号は鷺洲、書斎は仁在堂、の八股文選集だろう。あるいは道光二十二年刊「仁在堂時芸核」のことか。「文を語る第三」の「試律詩」注130を参照）〔清楚細致を講究する〕

弟子に塾師の文を読ませてはならない

〔佳くないものはもちろん、佳いものでも駄目である〕

初学の者が作文を学ぶときは、自分で講じさせ、かつ層次・柱意を自分で上に眉批させねばならない

〔こうすれば、糊塗・重複・合掌の病いはない〕

授業期間の作文は、本を看たり前人の文を看たりするのを禁じてはならない

〔ただ鈔録だけは許さない。（塾の）窓下で頭が空っぽならば、試験場でもそうである。文はどうすれば佳くなるか。授業の日日に読んだ書は、いっそう記憶しやすい〕

賦は「律賦新機」・「関中課士賦」・「東湖草堂賦」を読むべきである

〔中に名家の賦があり、数十首は読まねばならない〕（「国朝律賦新機」初集・続集。孫理、字は少初、江蘇鎮洋の人、の評輯）

〔清醒である〕（「関中書院課士賦」で、盩厔の路徳、字は閏生、また潤生、の輯注。道光年間、仁在堂刻本。「文を語る第三」の「試律詩」注130参照）

〔才気がある〕（「東湖草堂賦鈔」で、程祥棟が同治年間四川新繁県の任にあったとき編した賦選集。おおむね駢律の賦を選ぶ）

破体字を戒めるには、「字学挙隅」（「文を語る第三」の「字体」に前出）を看るのがよい

〔案頭にかならず一編を常置すべきであり、兼ねてその楷書法も看られる。幼少のものという先入観を持ってはいけない。巻首の「弁似」、巻尾の「摘誤」はもっとも重要であり、看るのがよい〕

しょっちゅう書塾を休みにしてはならない

〔一年書塾をやるには、三百日がかならず必要だ〕

束脩の多・少をもって教え方が勤勉・懶惰になるようにしてはならない

（束脩は束ねた干し肉で、むかし入門の進物に用いた。のち転じて、入学時に納める謝金。ここでは、雇用主たる学生の親が毎月の月末にはらう月謝をいおう）〔孤寒だが読書をやめようとしない者は、後日あるいはなんと大成するかもしれず、かついっそう憐れむべきであり、このような鄙浅の心を持ってはならない〕

学生が教導に従わないときは、ただ告戒し罰跪させればよく、過度に辱めてはならない

（罰跪は一種の懲罰。両腿を合わせ、両手を背中に回し、腰を伸ばし、両膝を地に付け、腿の上に小碗の水をのせる）〔その廉恥心を養うためであり、愚魯の者はとりわけ過度に催促してはならない〕

早く開筆し、早く受験することは絶対に不可である

〔このような者がいれば、雇い主は喜ばない。前編（「行を語る第一」）ですでに詳論したが、も

う一度これを申言しておく」

敬避字（主に清朝皇帝を敬っての避諱字、聖諱）　第五

聖祖仁皇帝廟諱（第二代康熙帝、諱は玄燁）

上字（玄）につき、「書経」の「□（玄）徳升聞」（舜典。玄徳は升聞す）は、「元」字を用いて恭しく代替する。しかし元徳・元黄・元鳥などの語は、みな用いることができない。弦・絃・炫・眩などの字は、敬しんで末点を欠く。牽の字も点を欠く。ただ慉・蓄・鄐・畜などの字は、点を欠かない。今茲の「茲」は、艸に従い、上半は亠と書くことはできない。その上は亠に従い、下は幺幺に従う字（玆）は、別字である。つまり両諱字が合わさり、義は黒と同じである。今は滋の音だが、古音は諱字と同じで、用いられない。牽の字は、上は二つのムを書く。

下字（燁）につき、韓愈の文、「其膏沃者、其光□（曄）」（「李翊に答うる書」。膏の沃なる者は、其れ光り曄《かが》やく）は、「煜」字で恭しく代替する。また火に従い曅に従う字は、「詩経」の

「□□（爗爗）震電」（小雅・十月之交。爗爗たる震電）で、「（康熙）字典」は「燁」に作る。日に従い華に従う字は、「後漢書」張衡伝の「列欠□（曄）其照夜」（列欠は曄として其れ夜を照らす）で、「字典」は「曅」に作る。三体はもともとは一つの字だが、一律に敬避する。

世宗憲皇帝廟諱（第三代雍正帝、諱は胤禛）

上字（胤）につき、「詩経」の「永錫祚□（胤）」（大雅・既酔。永く祚胤を錫《たま》う）は、「允」字を用いて恭しく代替する。しかし祚允・允征などの語は、みな用いることができない。「酳」字も用いることができない。「淯」字は敬しんで乙（おつにょう）を欠き、やはり用いることができない。

下字（禛）は、左は示に従い、右は真に従うもので、「禎」字を用いて恭しく代替する。禎祥の「禎」は、別字であり、音も義もみな別であり、避けない。「真」字は「眞」と書いてはならない。

高宗純皇帝廟諱（第四代乾隆帝、諱は弘暦）

上字（弘）につき、「論語」の「人能□（弘）道」（衛霊公篇。人は能く道を弘む）は、「宏」字を用いて恭しく代替する。しかし宏道・宏毅などの語は、みな用いることができない。泓・紭・革弘などの字は、敬しんで末点を欠き、試験場では用いない。「强弱」の字は、上は口を書き、ムとしてはならず、上半はもともと諱字である。厷・肱・紘・宏・閎などの字は、末点を欠くことができない。

下字（暦）につき、「書経」の「天之□（暦）数、在爾躬」（大禹謨。天の暦数は、汝が躬に在り）は、「歴」字を用いて恭しく代替する。「歴」字は、もともとは厂に従い秝に従い止に従う（歴）。今は厂に従い林に従い心に従う（歴）。しかし歴象・歴数・治歴などの語は、みな用いることができない〔試策・公牘で、もし歴象に言及するものがあれば、「術」字か「憲」字で代替する。列朝史の律歴志は、ただ「歴志」と称してよい〕。閲歴・瀝誠などの語は避けない。

仁宗睿皇帝廟諱（第五代嘉慶帝、諱は顒琰）

上字（顒《ぎょう》）につき、「詩経」の「□□（顒顒）卬卬」（大雅・巻阿。顒顒たり卬卬たり）は、代替し奉る字がなく、頁（おおがい）の末二筆を欠く。しかし□（顒）若・周□（顒）などの語は、みな用いることができない。

下字（琰）につき、「書経」の「宏璧琬□（琰）」（顧命。弘璧・琬琰は西序に在り）は、代替し奉る字がなく、欽《つつ》しんで諭旨を奉じ、右下の「火」字を「又」にする。しかし琬□（琰）・翠□（琰）などの語は、みな用いることができない。単用する「炎」字、および談・淡の旁は、音も義もそれぞれ別であり、炎を⿱火又に改めることはできない。

宣宗成皇帝廟諱（第六代道光帝、諱は旻甯）

上字（旻《びん》）につき、「爾雅」の「秋為□（旻）天」（釈天。秋は旻天と為す）は、敬しんで中点を欠き、「旻」とする。

下字（甯《ねい》）につき、「易経」の「万国咸□（甯）」（乾卦。万国は咸《み》な甯《やす》らか）は、敬しんで「寧」に改める。

二字は諭旨を奉じたものだけれども、しかし上字、たとえば蒼□（旻）・高□（旻）、下字、たとえば咸□（甯）・攸□（甯）などの語、および偏旁を加えたものは、けっきょくは用いられない。下字につき、旧書を写刻するとき、「甯」字に代える者がいるが、あるいは敬しんで末筆を欠き、宀に従い心に従い皿に従う。行文の改写も、用いることができない。

文宗顕皇帝廟諱（第七代咸豊帝、諱は奕詝）

上字（奕）につき、「詩経」の「□□（奕奕）梁山」（大雅・韓奕。奕奕たる梁山）。「孟子」の「弈秋」の「弈」は、下が廾に従い、別字であり、避けない。

下字（詝）は、左は言に従い右は宁に従うもので、代替し奉る字がなく、敬しんで末筆を欠く。当宁・絺紵・積貯・延佇などの語は、形が近く音は同じで、旧書を写刻するのに欠筆して「宀一」とする者がいるが、試験場では用いない。

穆宗毅皇帝廟諱（第八代同治帝、諱は載淳）

上字（載）につき、「爾雅」の「唐虞曰□（載）」（釈天。唐虞は載と曰う）。

下字（淳）につき、左は氵に従い、右は隷書の「享」に従う。「後漢書」（張衡伝）および「文選」の張衡の「思元の賦」の「何道真之□（淳）粋兮」（何ぞ道真の淳粋なる）は、代替し奉る字がなく、右旁を敬避して「亯」に作る。酉に従い亯に従う字は、音が同じで義は近く、試験場では用いない。単用の「享」字は「亯」と書くことはできないが、諱字の篆文は「亯」に従っていないからである。敦・惇・錞などの偏旁は、みなそうである。孰・熟などの字は、孰と書いてはならない。「郭」字の左旁の篆文はもともと「亯」字ではなく、いっそう部と書いてはならない。

皇上の御名（徳宗皇帝廟諱、第九代光緒帝、諱は載湉）

上字（載）につき、「爾雅」の「唐虞曰□（載）」（釈天。唐虞は載と曰う）。

下字（湉）につき、左は氵に従い、右は「書経」の「引養引□（恬）」（梓材。養を引き恬を引く、の恬）に従い、代替し奉る字がなく、敬しんで末筆を欠く。恬愉・神恬などの語は、形が全く音が同じで義が近く、みな用いることができない。もしただ「舌」字だけを用いるならば、欠くのはよくない。

端慧太子の諱（高宗乾隆帝の次子、諱は永璉。九歳で夭折。乾隆帝は悲傷し、端慧皇太子の謚号を贈った）

上字（永）は諱まない。

下字（璉）は、左が玉で右が連。仁宗睿皇帝（嘉慶帝で、太子の弟）は臣工に対面して、避諱し「連」と書くように諭した。しかし瑚連の語は、やはり用いることができない。

至誠先師孔子の諱（丘）は、偏旁を加えて「邱」とする

古書には欠筆して「丘」とするものがある。公牘の中で圜丘大祀(178)に言及する場合は、避けず、かつ改写する必要はない。しかし行文（官署の間でやり取りする公文）は、この二字（圜丘）を断じて用いてはならず、郊壇・南郊などの語で代替する。

孟子の諱（軻）は同様に敬避する

およそ代替・欠筆および偏旁を加える字は、みな旧書の写刻を指して言う。しかし奏疏・文移で今日の地名・人姓に言及するものは、字を改めるのはまずい。ただ代替・欠筆できるだけだ（江蘇江□（寧）府は、「甯」字を用いて恭しく代替する、江蘇高□（淳）県は、右を亯と書く、

山東章邱県および邱姓の者は、偏旁を加えているというような類」。もし受験の命題およびすべての公牘・私書で、地名・人姓を言うのでなければ、すべて用いることができない〔もし私家の著述中に考弁して古書を引き諱字に及ぶものがあれば、代替・欠筆するか、上式のごとく、上方を空ける。聖諱にいたっては、偏旁を加えるか、欠筆する」。

磨勘条例(179)の摘要　第六

郷・会試

一、試験答案で文理が悖謬《はいびゅう》し、文体が正しくなく、小注の章旨を守らぬ者は、罷免する。

一、禁例を心得ず、廟諱・御名および先師孔子の諱を直書する者は、すべて罰として四科（四度の試験）を停止する〔およそ停科は、挙人は会試を停止し、貢士は殿試を停止する〕。

一、擡頭すべきなのに擡頭せず、および擡頭の書写が（規則に）合わず、あるいは擡頭書写したあと塗改する者は、違式として貼出(180)する。合格している者は、罰として三科を停止する。

一、題目がバラバラなのに改写せず、あるいは題目全部を遺漏して行間に注を添え、あるいは真書・草書の篇数が不完全、あるいは顚倒、あるいは全然合わず、あるいは策の五問題（明清の科挙、たとえば郷試では三場の試験があり、第一場は「四書」、第二場は「五経」、第三場は、策五問である）で五問全部に誤写がある。およそ空白を残したり紙幅からはみ出したり、および注を添え塗改したり、全行を漏写したり、かつ注を添え塗改するのが百字を越える。犯した者は貼出する。すでに合格している者は罰として三科を停止する。

一、答案中に空白がある。犯した者は貼出する。すでに合格している者は、罰として一科を停止する。

一、題目を書き落としたり、行を飛ばして改写する者は、貼出する。すでに合格している者は、罰として両科を停止する。

一、草稿で題目を全部書いていない者は、貼出する。すでに合格している者は、罰として一科を停止する。

一、草稿が紙幅からはみ出している者は、貼出する。すでに合格している者は、罰として一科を停止する。

一、草稿がぼんやりして、はっきり認識できない者は、罰として一科を停止する。

一、草稿が全然合わないわけでないけれど脱落が多すぎる者は、罰として両科を停止する。

一、注を添え（超える）字数を塗改する。注を添え改写する者は、罰として両科を停止する。あるいは一二《いちに》か所を漏らす者は、貼出する。合格している者は、罰として一科を停止する。

一、塗改する字数が合わず、十字以上になる者は、罰として一科を停止する。

一、書き直し注を添え（超える）字数を塗改する者は、罰として一科を停止する。

一、二場・三場では、どちらでも改写し注を添え字数を塗改する者は、貼出する。合格している者は、罰として三科を停止する。

一、（郷試第一場）「四書」の（回答）文は、七百字を越えてはならない。違う者は貼出する。

一、試験答案で（他人のものを）そのまますかすめ取る者は、罰として両科を停止する。全篇にわたり旧文の運よく合格したものを丸写しする者は、罷免する。

一、文中で字句を誤り、つづり字を点二つとして書き、および後世の事跡や書名を引用し、かつ文内で対策を遺漏して三百字に満たない者は、すべて罰として一科を停止する。

一、詩のなかで平仄が失粘(181)する者は、罰として一科を停止する。

一、試験答案のなかで卦画（易の卦を表す符号。六本の横棒を組み合わせる）や篆書体を書写する者は、貼出する。合格している者は、罰として一科を停止する。

一、墨巻は楷書で謄写するのに行書・草書を用いる者は、罰として一科を停止する。

一、答案内で数字をそぎ取り補い、および擡頭をそぎ取り補う者は、貼出する。合格している者は、罰として一科を停止する。

一、試験答案で反写および倒写し、対策で頂格し、および策題で大写の「壹・貳・参・肆・伍」を用いる者は、すべて貼出の例を犯すものである。

科・歳考[182]〔「礼部則例」「科場条例」を按じて増入する[183]〕

一、試験答案のなかで廟諱・御名および先師孔子の諱を敬避しない者は、すべて罰として郷試両科を停止し、学に戒飭《かいちょく》（戒告）を発する。そのすでに欠筆している者は、罰として郷試一科を停止し、やはり学に戒飭を発する。

一、試験答案のなかで詩が一聯を欠く者は、罰として郷試一科を停止する。廩生《りんせい》はやはり罰として廩餼《りんき》（政府が在学中の生員、つまり廩生に給付する膳食手当）を一年停止する。増生・附生[184]で本案（この試験）により廩生に補された者（生員で歳・科の両試を経て成績優秀な者は、増生から順次廩生に升ることができる）も、罰として廩餼を一年停止する。詩が一聯余分な者も同様である。

一、試験答案のなかで旧文を写し取り、すでに廩生・増生に補せられた者は、すべて廩生・増生を剝奪するが、やはり附生には留める。もし附生が当地の考棚（試験場）で再試験を受けるならば、やはりすべて学に戒飭を発する。

一、試験答案のなかで詩が出韻（押すべき韻を外す）・失粘、および字句の妥当を欠く者は、もし試験成績が前の三名以内ならば、罰として郷試を一年停止する。第四名以下は、廩生は罰として廩餼を一年停止する。増生・附生で本案により廩生に補せられた者も、罰として廩餼を一年停止する。複韻（同じ字を韻脚として重複使用する）した者も同様である。

一、策問の応答で口気（聖人の口調）に合わない者は、もし試験成績が前の三名以内ならば、罰として郷試一科を停止する。第四名以下の者は、廩生は罰として廩餼を一年停止する。増生・附生で本案により廩生に補せられた者も、罰として廩餼を一年停止する。

一、（郷試第二場「五経」の）「経」の回答文が三百字に満たず、「経」回答文が下まではみ出す者は、三名以内は、罰として郷試一科を停止する。第四名以下は、廩餼を一年停止する。

一、詩・策のなかで擡頭すべきを擡頭せず、策で頂格する者、詩で三格低い者は、すべて罰として郷試一科を停止する。廩生のばあいはやはり罰として廩餼を一年停止する。

一、命題で一字を誤写し、詩題で「賦し得たり」および「韻を限る」の字を漏写し、策題で書写が式に違う者は、すべて罰として郷試一科を停止する。廩生のばあいはやはり罰として廩餼を一年停止する。

一、草稿が完全でなく、草稿に空白のある者は、罰として郷試一科を停止する。廩生はやはり廩餼を一年停止する。

一、鈔録が題目全部でなく、文も篇全部でない者は、罰として郷試一科を停止する。

一、詩句が雷同する者は、罰として郷試一科を停止する。

一、黙経で（書写が）二格低い者は、前の三名以内ならば、罰として郷試一科を停止する。第四名以下は、罰として廩餼を一年停止する。

一、字句が脱落錯誤し、草稿が題目全部を書いていない者は、前の三名以内ならば、罰として郷試一科を停止する。第四名以下は、罰として廩餼を一年停止する。

学田を置くよう勧める　第七[185]

民を養い士を養うとは、経・伝のつねに言うことであり、養わずして教えるとは、まだ聞いたことがない。そもそも民を養う道は、どうして衆人の救われ悦ぶものだろうか[186]。ただ上に在る者が民の生理を奪わず、民の生計を乱さぬのみ。これこそが養いの本である。民を養うのはもとよりそうだが、士を養うのもそうなのである。今日士は多くして貧しい。たとえ書院・義学・賓興の属が、手立てを尽くして培植しても、まだ救われないと恐れる。ましてや重圧をかけてかれらを剝削するに至っては（なおさらである）。

四川省の学校の事情は、使者《わたし》がやるべきこと、やれることについては、尽力してこれを図る。ただ一つだけ憂慮に堪えず、食事でも睡眠でも不安なことがあり、それは新入の生員の二次試験で束脩をあれこれ問題にする一事である。往年の四川省の風気で、新入の生員が教師に拝謁するとき、束脩は豊富だが、じつは生計が豊かなことによるのであり、学の費用が高額になって、それが恒例となり、ややもすればかならず賦税をたっぷり取られる。（そこで）つねに一朝進学すると、家産の大半をつぶし、終身にわたって負債する者がいる。孤寒はなはだしいけれども、常例どおりに取り立てられる。決算の書類をまだ開けないのに、税金天引きを通知する立て札がもうかかげられている。省全体では習慣となって当然と見なしているが、使者《わたし》は見聞がとぼしくて怪事だと驚き、二次試験（覆試。二度に分けて挙行される試験で、はじめは初試、二度目の試験は覆試という）の日になるたびに、終日不安でうろうろし、まるで背中に刺《とげ》がささったかのよう。もし操作を急ぎすぎれば、おそらく狡猾な生童は、言葉を口実に他人を服従させるだろう。もしその遅延をゆるせば、もっとおそらく貪悪な書斗（書弁斗役、つまり書吏・下僕）の輩は、孤寒の者に迫りたかるだろう。操作も放縦もみな駄目であり、決定するすべはない。だから使者《わたし》は昼夜試験して寝食を忘れても苦労と思わないが、二次試験の日は苦とするのである。（これは）衷心の言であり、白日のごとく天に誓う（「詩経・王風・大車」に「穀なれば則ち室を異にし、死すれば則ち穴を同じくす。予を信ぜずと謂わば、皦日《きょうじつ》の如き有り」とある）。

試しに思ってみよ、童生が受験するばあい、草鞋を履き斗笠を背にして（「史記」范推蔡沢伝に「躡屩檐簦《じょうきょうたんとう》」とある）はるばるとやって来て、（貧乏で）三十日にたった九度の食事（「説苑」立節篇に「子思は衛に居り、縕袍《うんぽう》には表無く、二旬にして九食」とある）、家庭教師の職を得ようとしても、山を移すように難しい。一年中羊の囲いを修繕しても羊が貯まらないようなもの（「戦国策」楚策四の「羊を亡くして牢を補う」が裏にある）、はなはだしきは寄食するところなく、ぼろ靴を脱いであがるところもない。幸いにして試験に合格しても、どうして多い金額を得られようか。たとえお粥をなんとかいただいて、生員になったとしても、突然その家産を破棄するよう責められるとは、やはり情を忍び理にたがい、心を傷ましめて目にも惨たるものと謂えるだろう。とくに広文の一席は、唐代以来、冷官とよばれ、束脩は勝手に行われ、まだ礼法の外にある(187)。もしかならずこれさえも禁絶すれば、どうやって自存できようか。試験に参加させ公事を処理したり、食糧や用度は、どこから手に入れるのか。その富裕で礼を好む者が、みずから礼物を献じようと願うのも、許さないつもりなのか。かつ彼が試験を借りて詐欺し、劣等生とグルになり、公事にかこつけて、利益をとるようにさせるつもりか。そもそも校官（学校関係の官）の子弟も、学校に通うことを望む。諸生の家に、どうして司鐸（文教を掌管する者。古代では教化を宣布する者は木鐸を揺らして民衆を集めたという）がいないだろうか。どうして公平でなく寛恕せず、ただ人を責めるばかりなのか。

使者《わたし》は部属を巡視して到った先では、厳格に禁戒し、手立てを尽くして督促することを憚らない。今日諸もろの校官は、みずから廉節に甘んじ、刻苦勉励できるものが多い。しかし不肖の書斗の輩は、デマをとばして弄そび、謀計で陥れ、変怪百出、またどうして人の意料が及ぼうか。とりわけ心配なのは、今のままでは、書斗の輩は（カンニングなどの）弊害を利とし、幸いに進学した者の一切はその富にしたがい、かならずカバーしあいつるみあい、やりたい放題となる。そして次々と覆試（二次試験）に送る（原文は「送覆」。「夢渓筆談《むけいひつだん》」巻一に「旧制、挙人を御試するに、初考官を設け、先に等第を定め、復た之を弥封し、以って考官に送覆し、再び等第を定む」とある）、試験場につれて覆試を帯びる、単身で覆試を補う、大届《だいかい》（届は学年で、一つ上の学年をいう）に覆試を補うなどの諸弊も、終には禁絶できず、替え玉・買収など百弊が潜んでいるのである。試験はどうして清らかに澄みきることを望めようか。真の才能を持つ者がどうして気を吐くことを望めようか。これは四川省の積年の痼疾、すでに明白な事で、みな士類の目撃し、身に受け、扼腕《やくわん》し心を傷めて明らかに言うものである。

もし両者に利があり長続きする方法を考えなければ、やはり本省の教師・生徒終世の患いとなろう。今はただ一つだけ策があり、汝らは自分でこれを行える。四川省はまだ生活が豊かで物資が多いと称され、各州県の公局の義挙の金額はとても多い。士民は公のための善事を喜び急いで行い、寄付も後れることを恐れる。そもそも四民は諸生を秀才（原文は「翹楚《ぎょうそ》」。「詩経・漢広」に「翹翹たる錯薪《さくしん》、言《わ》れ其の楚を刈る」とある）と為し、地方は読書人を元気と為す。これを講じなければ、善を好むも何になるのか。もし各処の郷紳・農民が感発し、集議のうえ資金を公に寄付し、学田を買い置くことができたならば、その三年間で収穫した租税を計算して、両科の試験の束脩に充てればよいだろう〔各学の収入は異なるので、当処の歴来の情況にあわせて議論すべきだ〕。年ごとに等しく給付し、試験に送り出すときはすこし手当を加える〔こうすれば、遠郡で公事を処理する者は、たとえ試験に送らなくても、（諸生が）困窮して帰りづらいということにはなるまい」。合格入学した後は、ただ千銭を束脩とするよう限定し、一切の書斗の輩の小費・認号・転案・補廩・帮増《ほうぞう》・出貢・挙優・報丁・起復・録遺の諸費(188)は、ここから取って処置し、正規でない税額はすべて削除する。士民は下で議論し、それから長吏に申請し、（長吏が）督率してこれを行い〔官吏が寄付を勧めれば弊害が増える。士民が寄付を勧めれば実行できる〕、当地の州県は詳細に立案し碑石を立て、永久に変革できぬようにする。もし学田を買う巨額資金を工面できないならば、あるいは他項の公事の例にならい、定額を議論し決めて、年ごとに補助し、あるいは別に他款を工面し、利息を取って給付する。ただ当地の宜しきにしたがい、一律にする必要はない。その瘠《や》せた土地・狭い場所で、行えない者は、それを許す。行いたくない者は、それを許す。倉卒にして行えない者は、おもむろにそれを図る。省を通じて行うならば、省を通じる士林が利を得る。一県が行えば、一県の士林が利を得る。さすれば、貧士は病まず、冷官は飢えず、諸生はゆったりと煩いなく、それから読書に専念できる。学の教師は安い給料で求められることなく、それから顔を挙げて士に教訓をたれることができる。学校教育の楽しみのみならず、風俗を教化する源でもあるのである。そもそも四川省公共事業の費用も多いのである。しかし訴訟ゴロツキに飽食させ、賄賂にたかる官吏に飽食させるよりは、寒酸の諸生に飽食させるほうがよいのである。三費局の設置(189)は、まことに善いことである。しかし補啇（県役所の啇役、二十人ほど）を救い、汛官《じんかん》（地方の緑営兵の武官）を救うよりは、学校教師を救うほうがとりわけ重要である〔三費局はまことに善政だが、かの余財でもってこの不足を補う（原文は「挹彼注茲」。「詩経・大雅・洞酌《けいしゃく》」に「洞として彼の行潦を酌み、彼れを挹《く》み茲れに注ぐ」とあり、かの大器の水をこの小器に注ぐの意味）ことはできない」。

もしあるいは費財を惜しむのならば、さらにこれを諭す説がある。これを知るべきだ、富室大戸にも、子弟のない家がどこにあろうか、子弟が名をあげることを望まぬ者がどこにいようか。公的資金がありさえすれば、他日子弟が入学しても、いわれのない抑圧を受けたり、無益の弁解を費やすことにはならず、たとえ自分で工面しても、はなはだ善いことである。たとえ家に儒士がいなくても、後世はかならず繁昌するに決まっている。施しを楽しむという令名もほしいままにし、人を救うというすばらしい報いも得るのである。ましてや今日の孝廉・秀才は、つまり他日の紳士であり、今日郷里の人に助けられたら、他日かならず故郷に福をもたらそうと思う。往きて復らぬことはなく、さらに他項の出資が同等に語れるものではないのである。校官のごときは、本県の人士ではないけれども、もし同省の寒儒であれば、たとえ彼に有益だとしても、「楚弓を楚が得る」[190]ということで、局外に波及することはない。

この挙（学田を設ける）は、他省ではとても難しいが、四川省ではとても易しい。他省では後回しにできるが、四川省ではとても切実である。近ごろ、南川県令の文昌の黄際飛[191]君は、この議を持し、手立てを講じて寄付を募り、志有る者はついには成就するとやら、学田千石余りを買い置き、その収入を計算すると、往年に相当する。規程はみな右に述べたことと同じく、前年の歳試で招復[192]したときは、教師も生徒もみな喜び、たしかに効果があった。黄君の賢能にして士を愛すること（戦国の平原君、信陵君と同様）、南川士民の義を好み本を知ること、使者《わたし》はこれを敬い推奨し、省全体百六十の州県がこれにならうよう願う〔もし南川県のやり方を調査したい者がいれば、本衙門（役所）に来て案件を抄写することを許す〕。ことわざにいう、「富者は人に贈るに財を以ってし、仁者は人に贈るに言を以ってす[193]」と。使者《わたし》は庸愚であり、別に養士の策を企画できず、あえてこの一隅小補の言を進める。どうだろうか。

附録

「書目答問」略例

〔この編は生員・童生に告げるために設けたもので、著述ではない。海内の通人・見者は、どうか補正してください〕

諸生で学を好む者は、やって来て「どの書を読むべきですか。書はどのテクストが善いですか」と質問する。挙例が偏ると遺漏もあるだろうし、志趣・学業もおのおの異なる。それでこれを録して初学の者に告げる。読書は要領を知らなければ、労して功は無い。某書は読むのがよいと知っていても、精校本・精注本を得なければ、事は倍で功は半ばである〔この編の録するものは、その原書が「四庫全書」を編修したときにまだ無かったものが十の三四《さんし》。「四庫全書」にその書は有るけれども、校本・注本の晩出するものが十の七八《しちはち》〕。今はそれで条流を分別し、慎重に択び簡約に挙げる。その性質の近いところを見て、おのおのその部について書を求めよ。またその中で子目を詳細に分けており、類で求めるのに便利である。一類の中では、また義例の近いものを比附させてある。さらに時代を叙し、門径が秩序だち、緩急が見やすいようにしてある。およそ著録するものは、すべて要典・雅記であり、おのおのその用に適する〔みな先輩の通人が考求論定したもの〕。要するに初学の者が買いやすく読みやすく、迷い惑うことのないことを期するのみである〔浅陋な者はその見聞の拡充を思うだろうし、放濫な者は学に流別があることを知るだろう〕。

およそ無用のもの、空疎なもの、偏僻なもの、雑然たるものは録しない。古書で今書に包括されるものは録しない。注釈が浅陋なもの、妄人が删改したもの、編刻がデタラメなものは録しない。古人の書でもう伝本のないもの、今人の書でまだ刊行されていないものは録しない。旧槧旧鈔でたまたま有るが購求のすべのないものは録しない〔もし今人の著述で経・史の要義にかかわり、もうすでに書を完成しているものが有れば、ままその書名を附録し、物色にそなえ、かつ好事の者が刊行してくれることを願う〕。

経部は学に家法があり、実事求是のものを挙げ、史部は義例が雅飭で、考証が詳核なものを挙げ、子部は近古および実用の有るものを挙げ、集部はもっとも著名なものを挙げる〔どの一類の後にも、一格を下げて次録とする〕。

伝本の多いものは善本を挙げ、精本をまだ見ていないものは通行本を挙げ、近刻をまだ見ていないものは今日現存する明本を挙げる〔子部・史部の小種は通行する諸叢書の内にあるものが多い。もし別に精本がなく、およびとりわけ重要で稀見のものであれば、はじめてここではそれを挙げる。他の善本が有れば、通行本を言わない。およそ「又た某本」というものは、異同がある〕。

近人の撰述は、完成しながら未刊、刊行されても未見のものがまだ多いが、要するにそのもっとも著名なものは大体ここにある。旧籍の習聞するものについては、ここには録するに及ばず、その書は後に回してかまわない〔北京のわが蔵書は、四川に携帯した書箱になく、蜀中には借りるすべがなく、訂補は他日にまつ〕。

ここでは手にまかせて記録しており、初学の者に検索の便利を提供したいと思うまで、蔵書家が目録を編次するようなものではない。だから前人の書目の体例をそのままつかうわけではない〔学海堂本は「皇清経解」、津逮本は「津逮秘書」、問経堂本は「問経堂叢書」であり、みな便利で手間いらずなところを取り、他の叢書もこれに倣う。官書は「四庫提要」で臣工の編輯と称するものは、ただ「勅編」と注し、「御撰」と区別する〕。

「漢書」芸文志には互見の例があるが[1]、今も両類において相関するものが、まま互見するので、その下に注する。

およそ時代を書かない者は、みな国朝（清朝）の人である〔これはみな書を求めるためであり、だから生存している人の著述も録するものがあるが、「経世文編」の例を用いて、その書を録し、その名を欠く〕。

挙げてある二千部余りは、浩繁だと思うかもしれないが、しかし分類して求めれば、まだ尽くすのはたやすい。これを汜濫して帰属なきものと較べれば、少ないといえるのである〔諸生はこれが簡約なのを知るべきで、これが多いと驚いてはいけない〕。

光緒元年九月　日　提督四川学政・侍読銜・翰林院編修の張之洞記す

なお、参考として、「書目答問」の「目録」をあげておく。

巻一　経部総目

正経正注第一〔十三経五経四書合刻本、諸経分刻本、附諸経読本〕

列朝経注経説経本考証第二〔易、書、詩、周礼、儀礼、礼記、三礼総義、楽、春秋左伝、春秋公羊伝、春秋穀梁伝、春秋総義、論語、孟子、四書、孝経、爾雅、諸経総義、諸経、目録文字音義、石経〕

小学第三〔説文、古文篆隷真書、各体書、音韻、訓詁〕

巻二　史部総目

正史第一〔二十四史二十一史十七史合刻本、正史分刻本、正史注補表譜考証〕

編年第二〔司馬通鑑、別本紀年、綱目〕

紀事本末第三

古史第四

別史第五

雑史第六〔事実、掌故、瑣記〕

載記第七
伝記第八
詔令奏議第九
地理第十〔古地志、今地志、水道、辺防、外紀、雑地志〕
政書第十一〔歴代通制、古制、今制〕
譜録第十二〔書目、姓名、年譜、名物〕
金石第十三〔金石目録、金石図象、金石文字、金石義例〕
史評第十四〔論史法、論史事〕

巻三　子部総目
周秦諸子第一
儒家第二〔議論経済、理学、考訂〕
兵家第三
法家第四
農家第五
医家第六
天文算法第七〔中法、西法、兼用中西法〕
術数第八

芸術第九
雑家第十
小説家第十一
釈道家第十二〔釈家、道家〕
類書第十三
巻四　集部総目
楚辞第一
別集第二〔漢魏六朝、唐五代、北宋、南宋、金元、明、清理学家集、清考訂家集、清古文家集、清駢体文家集、清詩家集、清詞家集〕
総集第三〔文選、文、詩詞〕
詩文評第四
巻五　叢書目
古今人著述合刻叢書
清代一人著述合刻叢書

試場の積弊を整頓する折〔光緒二年三月　日〕

四川省の試験場の積弊を歴陳し、謹んで整頓の策を計り、聖鑑を仰ぎ奉る事を奏上いたします。ひそかに思いますに、試験の弊端は、各省いずれにも有りますが、しかし今日の四川省ほどひどいものは未曽有であります。弊害を生む手口は日に日に巧妙となり、相互の結びつきは日に日に深くなり、ほとんど一情勢となり、堅牢で破れぬものとなっております。士子は（試験での）不正な手口を常談とし、廩保は利益漁りを本分とし、それで寒士は短気になり、匪徒は悪心を生じ、訴訟は日に日に増え、士習は日に日に廃れることとなり、人才・風紀において大いに関係があります。臣は愚直を尽くし、多方にわたって整頓し、次第にすっきりしてきたように感じますが、とくに法を立てることはかならず長期にわたることが必要であり、悪を除くにはその根を絶たねばなりません。もししばらくは（統治により）清粛になったとして成法を立てることを思わなければ、恐らく罪科を犯す者は時が経つとまた現れ、やはり無益であります。謹んでそのとりわけ切要なものを択び、臣の二年来体察研究で得たところについて、箇条に分けて列挙し、敬い謹んで奏陳いたします。

一、鬻販《いくはん》（販売）を懲らす。四川省の替え玉の多いことは、もとより言を待ちませんが、とりわけ憎むべき者は、販売が一番です。廩保は府・州・県で試験を受けるとき、多くは空名を書き、代わりの回答者を探します。院試のときは、替え玉を雇いおのれの名をかたって合格させ、かつ覆試も代理させ、（その答案を）値段をつけて売りに出し、同姓の者に売り渡します。これを「一根の葱」と名づけます。その府・州・県の答案は、とっくにこっそり礼書（試験の担当者）に賄賂を贈って抜き出し入れ換え、筆跡を検討するすべはありません。かつこの者はすでに高値で買いいれ、また善い値を得たので、そこでまた転売し、三人にまで販売する者があります。それでお互いに不正をやりあい、おのれと人との真偽が入れ替わり、まるで児戯と同じです。もし倉卒には売れないならば、この者は病気で亡くなったと報告し、時間が経って売れると、また病気が治ったと報告し、前の報告は誤伝だったといいます。覆試の冊（登録簿）で、三代（祖父・父親・自己の姓名）と正場の冊結（冊は登録簿。結は保結文書で、受験生の身分・情況を証明する証書、たとえば戸籍をごまかしていない、喪中を隠匿していない、など）が往々にして符合しないときには、あるいはもともと（他家からの）後継だといい、あるいは当初は号であり名ではないといいます。もし異姓に売り渡したならば、出て外家を継承したが、本家に戻るよう申請中であるといい、あるいは弟転じて兄となり、あるいは叔父転じて甥となり、法規を壊乱することは、ここにいたって極まっております。このように混乱している所以は、四川省の童試の冊結で、記入する三代の名が、多くは真実でなく、だから任意に移動できるからです。以後の冊結では、務めて祖父・父親の真名を記入させ、みだりに仮名・別号を記入するのを許さず、祖父・父親で功名のある者は、捐考（科挙を正式に受験しての合格者）であろうと保挙（特旨による人才挙用。大臣が才能ある者を奏請保証し、宮廷の任用にあてる）であろうと、職銜はかならずはっきり注記するように命令するつもりです。こうすれば、外部の者は借りるのが困難になるでしょう。その出て（外家を）継承した者は、兼ねて本生の祖父・父親は某といったことを書かせます。府・州・県の試験時には、このように処理し、まぎらわしい者は、答案を受け取って送付合格させることはできません。覆試の日は、くい違い符合しない者を摘出し、扣除《こうじょ》します。この方法はまだ簡単なようです。廩保については、府・州・県の知事に、答案は封印して内部で保存し、勝手な交換を許さぬようにさせ、学臣（学政の任にあるわたし）が厳格に処理します。どうか勅命で専門の条例をお定めくださるようお願いします。もし販売が事実であれば、真剣に懲罰し、壊れた風気を挽回します。

一、詭詐を禁ず。四川省は訴訟の気風がもっとも盛んですが、たまたま試験場があり、そこでこの連中の利権の巣窟となっております。およそ家庭が潔白でなく、刑・喪が突出するなど、一切の違反は、府・州・県の試および院試の告示日でもおおむね問題にされず、かならず合格発表してからやっと告発され、大騒ぎを引き起こします。臣は省中を遍く巡歴して、これらの事案は数十百件も見ており、訴訟が紛糾して治まらぬものに遇えば、みずから取りあげて訊問しました。たいてい告訴される被告には、かならず原因があります。しかし人を攻める原告は、多くは詐欺によるのです。初めは連名で次々と訴え、両立せぬといった勢いです。訊問を受けるよう召喚されるに及んで、あるいは原告が来ない、あるいはその人間がいない、あるいは初訊のときは極力攻撃するが、覆訊のときは誣告を認め悔悟を示し、逃避失踪します。おもうに欲望がすでに満たされ、そこで止めにしたのでしょう。以後はおよそ一切の違反を攻撃する者は、ただ文・武の生童の告訴を許すのみ、学校中の人でなければ、職員・武弁（武官）・貢監・軍・民いずれであろうと、一概に許さない、合格発表して日が経ってからやっと告訴する者は許さない、府・州・県の試で前の二十名に入りながら院試の合格発表前には告訴しなかった者は許さないというように命令するつもりです。おもうに生童の人数は多いので、存分に稽察できます。どうして局外から割り込んで訴訟する必要がありましょうか。一学の新入生は有限で、その根拠は訪知しやすいものです。もし合格発表からもう日が経ったならば、かならず詐取をまだやっておらず、それで告訴して恐喝するのです。府・州・県（合格者の）前列者については姓名が明らかで、とりわけ早く清査できます。この三条を踏む者は、詐欺を計ること疑いありません。どうか吏部に勅して条例を決定されるようお願いいたします。この類を置いたまま取り合わなければ、あるいは告訴に見込みがあるように思うでしょう。どうか勅して提調が別に学校中の人に訪問研究せよと伝えるようお願いします。またこの連中が役所に来て攪乱し、私利をはかり山分けするのも許しません。もしあえて割り込み攪乱する者があれば、自分に無関係の事で訴訟を起こし詐取をはかる条例を按じて罪を治めます。もし学校中の人で告訴し、かつ虚妄でない者ならば、よろしく該府・州・県および提調が真剣に訊問究明すべきで、（被告を）陰から庇護してはなりません。おもうに公けにすれば民は服し、民が服すれば事は減少します。もし地方官が単純にやたらと受け入れ、一方に加担しながら、衆口の沸騰、匪徒の詐欺を禁じようとしても、不可能であります。府・州・県および提調で庇護し公けにしない者も、吏部に勅して厳格に処分されるようお願いいたします。

一、拉手蓋《らしゅがい》（拉致）を禁ず。四川省の試験場には一つ悪習があり、とりわけ憂慮すべきです。およそ新入生でやや疑わしく問題にすべき点ある者は、匪徒が探知し、まず金銭を要求します。もし拒んで与えない、与えても満足しなければ、仲間数十人を糾合し、本童・廩保を辺鄙な場所に拉致して、数日間監禁・殴打・拘留し、脅迫されて銀票を支払えば釈放します。これを「拉手蓋」と名づけます。いつも多人数で武器を持って直接役所の門に入り、本童・

廩保を拉致し去る者がおります。そこで新入生で傷もつ者も、かならず衆を頼んで自衛します。覆試の日になるたびに、試験場の門外ではあちらもこちらも大騒ぎ、民衆はびっくり仰天、実にまったく体を成しません。臣は前年の試験時に、素行が善くない松潘の武生の蘭映太を処理するにあたり、法を設けて兵を調えて捕獲し、督臣に相談のうえ永遠の監禁としました。それゆえに匪徒はかなり畏れ、やや安静となりました。しかし寓居から拉致される者は、やはり時どきはいます。近ごろはこんな厳重な事案がないので、この連中はだんだん妄動を再開する気になっています。もし日が経って事が忘れられたならば、かならず一切が復発し、試験に有害であるのみならず、かならず事件を醸成します。たいてい四川省の風気は、ただ寛大に従いさえすれば、事を起こさぬ者はなく、ただ銭財がありさえすれば、教化できぬ事は有りません。どうか勅して専門条例を定め、数事を厳重に処置してくださるようお願いします。それでこそやっとこの横流を塞ぐことが期待できます。この類にはいつも武挙・弁兵・武生・武童が加入しており、諭旨をお降しくださるよう懇請せずにおれましょうか。もし武挙・武弁が試験に関与し、不法をほしいままにするならば、学臣が奏上弾劾して処分し、狡賢《ずるがしこ》くたちまわり運よく逃れることを許しません。職員で符を頼み試験を乱す者は、営兵とともにすぐさま該営に命じて処分させ、かつ提調に命じて多く兵役を派遣し外で弾圧させます。もしこのような事があれば、ただ提調だけに問責してください。

一、包攬《ほうらん》（他人のすべきことをその人に代わり全部引き受けて行う者）を捕まえる。およそ替え玉・販売・騙《かた》りは、みなある種の匪徒が間に立って引き受け、他省では「槍架《そうか》」、四川省では「親家」と名づけます。あるいは遊民であり、あるいは舗販であり、はなはだしきは捐納して官職を得た者が、普段は多数の槍手（試験で不正行為、たとえば替え玉、答案を漏らすなど、をする者）を収養し、試験場に合わせて煽動惑乱、人を違法犯罪に誘い、いながらにして巨利をあさります。利を得ても満足しなければ、また匪徒とつるんで告訴しかさねて詐取します。臣が着任したとき、著名な十余人を摘出し、年貌・住所を明らかにし、通知して指名手配させ、これをやり慣れていた者は、やや収まったようであります。しかし正規によらぬ新入生は、やはりまた被害にあいます。この連中は包攬のみならず、招撞捏称《しょうどうてつしょう》（招撞は招揺撞騙《しょうようどうへん》で、他人の職称・身分をかたり、非法な利益を詐取すること。捏称は脅迫などで他人の財物をかたり取ること）も行い、各役所の上下と知り合いで、童蒙はまずその詐欺にかかり、合格発表してからはじめて悟るが、難詰するすべはないのです。たいてい試験場を清めるには槍架の輩を根絶せねばならぬことも、ちょうど盗賊を治めるには窩主《かしゅ》（窩家・窩嚢《のう》ともいい、強盗・窃盗やその盗品を家に隠す者をいう）を根絶せねばならぬようなもので、実に源を探る任務なのです。かつ槍手はけっきょくは文士であり、本童はあるいは農村の百姓かもしれません。事件発覚のあと、槍手・本童は刑罰に処せられるのを免れませんが、犯罪の親玉は遠く逃れ、法外で悠悠としており、とりわけ情理として公平ではありません。その見聞はとても広く、役所の下役も賄賂で手なずけているので、地方官もこれを不問に付しております。どうか勅して議論させ、勧誘し仲介する者は、窩（隠す）槍（不正する）・包攬する者と、まったく区別せず、同罪とすべきことにするようお願いいたします。もし学臣が窩槍・包攬・招撞で提調に指名手配を指令した案件で、一も捕獲できない者を査出したならば、厳重に処分します。さらにはすべて罪名を定めるにつき、案件全体の供述を吏部に諮らねばなりません。もし包攬を処分しようとするならば、かならず槍手・廩保・本童の証人をすべてそろえてこそ、罪を定めることができます。この連中は隠秘狡猾で、かならず広汎に繋がりあって、遅延をはかり、終《つい》には罪に問うことができなくなります。四川省のこの手の匪徒で、すでに「親家」のあだ名を持っている者のごときは、かならず詐欺をやり慣れ、だれもが指弾しており、ただ狡賢く逃れる者がいるだけで、不法にやたら摘発することは絶対ありません。以後包攬し不正を行い、勧誘仲介する者は、ただ生童・槍手の供述が確実であれば、あるいはすでに各役所で案件を査出しながら、やはりまた試験場に随う者は、本案がすでに成立していようと、未成であろうと、証人がすでにそろっていようとまだであろうと、まず包攬し勧誘仲介した者を、辺地に追放するよう定め、案件全体はべつに詳審のうえ判決します。このようにすれば牽制されることなく、はじめて本当に懲罰を加えることができます。もし槍手・廩保・本童で事が起こってから包攬の者を供述し、捕獲の手引きをした者は、免罪措置とします。包攬が絶えたからには、替え玉などの不正はおのずと無くなります。

一、廩保を責める。四川省ではいかなる不正行為であろうと、廩保が事情を知らぬことはなく、廩保を決めるのに公正を持せば、百害はすべて無くなります。これは臣が案件につれて推求した、確実不変のものであります。何はばかることとなくほしいままにやる理由については、恒例で廩保を決めることによる不正の罪がとても重く、その事が起こったときに審察処理し、かつかならず多方から処理させるべきです。およそ廩保になる者は、もし優等で文のできる者でなければ、かならず老邁窮困の者です。学臣《わたし》はとても厳格ではありますけれども、どうして首枷・足枷をはめ、辺地に流すことまでできましょうか。案件の判決が出せぬうえに、すぐさま恩赦を乞い元に戻すのです。ひそかに思いますに、法は厳格なことが大事でなく、かならず行われることが大事なのです。法は過重ではよろしくない、過重ではきっと行われません。これを懲らしめますが、これを放つことでもあるのです。どうか勅していただき、以後廩生を認知して不正をはたらく者は、まず学臣が「濫保」の二字の勘語でもって吏部に諮り排除します。その案件全体の証人・罪名、該廩保の情節の軽重は、訊問明白・詳議審察の日をまってべつに結審します。たとえ情を重んじて濫保を逃れたとしても、けっして誣告とはいえません。およそ廩生でこれに坐して排除を諮られた者は、永遠に復学を許しません。こうすれば廩保は法がおのれにかかることを知って犯さず、学臣は刻薄を気にせずにすみ行いやすく、これは実に一切の弊端を整頓する枢要なのであります。

一、滋事（事案の制造）を禁ず。四川省は武童が多すぎて、もっとも事を生じやすいのです。その弊害は文場よりもひどく、しかもその横暴無法はとりわけ文場を超えております。岐考（試験の重複か）・重名（同姓同名が多数）の諸弊については、まだ論じるに足りません。臣が任に就いてから、従来の文童・武童の冊結を調査したところ、恒例で業師を記入しておりますす。武童の業師は、「教習」と俗称し、平日は操練をやりますが、試験が迫ると食・宿は、みな教習だけが頼りで、すべての事はみなかれの主使のもとにあります。ですから武童が不正をはたらき事を起こすと、廩保は追究したがりませんが、ただ教習だけはその仔細を知り、拘束することができます。そこで各教習に命じて試験前に臣の役所にきて保証書を提出し、教えている武童の姓名・試験日を開示させ、各おのその生徒を引き連れ認識稽査させます。それぞれの教習が教える武童は、あわせて一牌とし、また同姓の者を一か所に集めます。もし不正事が起こったならば、責任は該教習にあり、教習の保証書が無い者は、扣考《こうこう》（試験場に入って受験することを許さない。清代の武童試では、試験当日は試験場の前で専任の者が稽査し、もし武童で教習の保証書のない者を発見すると、入場を許さなかった）とします。この法がすでに行われてからは、繁を馭するに簡を以ってす（繁雑な事情を簡単な方法で処理する）ということで、不正の源がすっきりしたのみならず、繁華街でさえもおとなしくなりました。この挙は簡便で行いやすく、すでに効果があがり、省中の官・民・生童はみな便利だとしており、どうか勅して議論させ、四川省の定まった法令とし、以後はこのまま施行するようお願いいたします。その責任・処分は、まったく廩保と同様ですが、ただ本県の武生を教習として記入することを許します。武挙（武挙人）・武弁・武童（武生童）・営兵（士兵）でその偽りを判別しがたく、拘束を受けない者については、すべて記入できません。ときどき本は武生の教習でない者がいて、自らは武生と認識し教習となった場合は、庭訓（父親の教え。孔子の故事にもとづく）などの字を勝手に記入するのを許しません。このような方法は、もとより頂替《ちょうたい》（別人の名をかたってすり替わる。替え玉）・販売・歧考・重名の諸弊を杜絶するに足り、とりわけその衆を頼んで非を為すことを禁じるに足り、実に試験場にもその地方にも、いずれも裨益があるのです。

一、規避（手段を設けて逃避する）を杜絶する。四川省は文生・武生が五万人余り、人が多ければ雑多になり、佳士はもとより多いのですが、習気が劣り事を生じる者もまた少なくありません。しかも四川省は捐局《えんきょく》（清代で捐納事務を掌る役所。中央は京捐局、地方は外捐局）があまりにも多く、文生・武生で犯罪をおかし調査処分すべき者は、往往にしてすぐ駆け込み捐納して貢監の職称(1)を得て、逃免の計とし、該捐局から文書で出学（退学）させるようにとの通知があるのです。各局は空白の許可書がとても多く、年月を顚倒して記入しているのかどうか、調査するすべがありません。それで学校・役所は、拘束できず、しばしば各学の詳しい報告によれば、深く患憂としております。かつすでに職貢（貢納）したからには、州・県も諸もろの困難があり、どうか勅して議論し、およそ文生・武生の捐納者で、吏部に捐納した者が部の文書を受け取ればすぐに除籍する以外は、その四川省の捐局に捐納した者は、本生に自ら該学に赴き許可書を提出させ検査し、学臣に申請し批准されれば、はじめて出学させることにしていただくようお願い申し上げます。もし未結の案件があり、こっそり捐納逃避した、および年月を顚倒記入した者を査出したならば、追って通知し許可を取り消して厳重処分します。かつ督臣に勅命して四川省の各捐局に通知し、もし文生・武生の捐納した者があれば、一方では本学に文書を出し、事故があるかどうか調査してから、はじめて詳細に諮り吏部に報告し、また学臣・教官に軽々しく通知して出学させることのないようにもお願いいたします。

一、郷試の頂替を防ぐ。四川省では録遺[2]は、これまで替え玉が多く、俊秀[3]・貢監がとりわけひどいです。四川省では近ごろこの録遺が多すぎることにより、往往にして人を雇い代わりに郷試の試験場に入らせます。臣の役所で登録し送り出すとき、実はそれが本人かどうか知るすべはありません。事後に調査処分するよりは、事前に清査しておくのがよいでしょう。去年の録遺のとき、合州知州により郷試の監生数名を申送（上司に報告する）して来《き》、かつ答案数本をもたらしました。その文内では、従来監生の不正が多すぎます、そこで該監生が文を起こすとき文の筋道を面接試験し、原答案を申送します、どうか筆跡を対照してください、などの言葉を述べていました。ひそかに思うに、この方法はとても善いものです。おもうに貢監の録科・録遺は、恒例として本籍から文を起こし、真偽が判別しやすく、かならず本生が自ら参加します。もし録科・録遺の答案と対照できる州・県の面試の答案があり、郷試の墨巻（の答案）と対照できる録送の答案があれば、試験場に入るのはかならず本生であり、文・芸に借り物があろうとなかろうと、けっきょくは公然と試験場外で合格するまでには至りますまい。どうか勅して議論し、以後は俊秀が捐納保証した貢監・職員は、録科・録遺で文を起こすにあたり、該州・県が面試するようにお願いします。文の筋道の高下は問題でなく、ただ本人であることの確認が必要なのです。また原答案を郷試に申送するように。合格発表のとき、学臣は俊秀が捐保した録送の答案を携帯して試験場に入り、墨巻と対照し、もし筆跡が符合しなければ、監臨の主考（試験の責任者）と会って相談のうえ、撤回交換します。こうすれば録送する者はやや分明になり、混乱して調査しがたいことにまではならないでしょう。

以上の八条は、みな原因を詳細に究明し、時勢を斟酌して、謹んで上陳したものです。ひそかに思いますに、士とは民の希望であり、辺鄙な省ではとりわけ切実です。四川省は民性が浮つき、獄訟が繁多で、おおよそ戸業公局（不動産関係の官署）で訴訟を唆《そそのか》し財を詐取する事案では、かならず文生が内におります。焼香（人に事を頼むため食事・物品を贈る）・結盟（同盟を結ぶ）・衆を糾合し事を起こすといった事案では、かならず武生が内におります。激励の道は、もとより試験の一端にのみあるわけではないのですが、しかし童試こそは士子進身の始めであり、試験場は万衆が集合する点なのです。もしこの時にもっぱら不正を仕出かし、官に逆らって事を起こすことを務めとし、省中の郡県が見習って風気となれば、他日名を成すとも、かならず故轍を踏むことになります。愚民は見慣れて、群衆は見習おうと思い、患禍はおそらく浅少ではないでしょう。ですから四川省の民を治めようと思えば、かならず先に四川省の士を治めねばなりません。どうか吏部に勅して討議させ、もし採るべきところが有りましたら、伏して望みますのは、明らかに諭旨を頒布し、厳格に遵行させ、省中の士民が修養を強め、有為を期すように(4)なることです。（さすれば）試験の不祥事は永遠に粛清され、地方も事端が減少し、四川省は幸甚であることを期待できます。防備を厳密にし、替え玉を取り締まり、人材を育成し悪玉を取り除き、勧学励行することについては、臣の役所がみずから理める事項であり、謹んで事に合わせ処理に尽力し、あえて上陳はいたしません。伏して皇太后・皇上の聖鑑を乞う次第であります。謹んで奏します(5)。

尊経書院を創建する記

　同治十三年（一八七四）四月、興文の薛侍郎（薛煥、字は覲唐、号は鶴済、四川興文の人。工部右侍郎に任じた。洋務派官僚で、郷里に退居していた）は省全体の薦紳先生十五人とともに、牒を総督・学政に投じ、書院を建てて、通経学古でもって蜀士に課すことを請うた。光緒元年（一八七五）春、書院は完成し（校舎は成都南校場の下犀寺付近）、諸生百人を択んでその中で勉学させた。督部の盱眙《くい》の呉公（呉棠、字は仲宣、号は棣華、謚は勤恵、安徽盱眙の人。当時の四川総督。「望三益斎詩文鈔」などの著がある）と薛侍郎とは之洞にその章程を議論させた。事は草創に属するゆえ、画一的にすることはできず、相談はしても、あるいは施行せずにいた。先ごろ之洞は交代してもらうことになり（光緒二年十一月、学政の任を交代する直前）、やっとその草稿を準備し、議論し確定した。諸生はしばしば「記」を書くように請うて、いうには、「礱石三年ですよ[1]」。そこで諸生に入るよう呼んでかれらに語るには、「どうして記を書く必要があろうか。諸薦紳の公牒、呉公の奏牘には、縁起が具備しており、これこそが記である。わざわざ繰り返すことはないだろう。もし書院を建置する本義と学術教条の大端ならば、諸生のためにこれを説くことを願う」と。

諸生が問う、「先生が台司（三公などの宰輔大臣）諸公および諸郷先生とこの挙を創《はじ》められたのは、どういう意向ですか」。いう、「君の意向はどうかね」。ある者が答えていう、「寒士を救済するためです」。「ああ。なんと見解の相違することよ。使者《わたし》は士を教える官であり、貧困救済の官ではないのである。全蜀の学生は三万人、書院の定数は百人、百人を救って三万を残すのは、何の益があるのか。月費は一年でもたったの数十金、たとえ膏火《こうか》[2]を足したとしても、その貧から出られるとはかぎらないのである〔もし貧困救済のためならば、巨額資金を工面して、錦江書院の膏火を数百名増やせば足りるのである[3]〕」。「それならば何のためですか」。いわく、「読書のためだ」。「読書は何の役に立つのですか」。いわく、「人才を育成するためだ。蜀才の盛んなことは昔からである。漢の郭〔つまり犍為文学〕（郭舎人。漢の武帝の時に犍為郡の文学卒史として「爾雅注」を著した）・張（叔。「賦心」四巻を著す）・馬（司馬相如）・揚（雄）は、経の宗である。宋の二王〔当、偁〕（王当、字は子思、眉州眉山の人。「春秋列国名臣伝」を著す。王偁、字は季平、眉州の人。「東都事略」「西夏事略」を編撰）・二李〔燾、心伝〕（李燾、字は仁甫、号は巽岩、眉州丹棱の人。「続資治通鑑長編」を編修。李心伝、字は微之、号は秀岩、隆州井研の人。「建炎以来繋年要録」「建炎以来朝野雑記」を著す）・史（炤、字は見可、眉州眉山の人。「資治通鑑釈文」三十巻を著す）・范《はん》（祖禹《そう》、字は淳父、華陽の人。「唐鑑」を著す）は、史の良である。そのほか唐の陳（子昂）・李（白）、宋の五蘇（洵、軾、轍、渙、序、いずれも眉山の人）・范（鎮、華陽の人）・虞（允文、仁寿の人）、元の虞（集）、明の楊（慎）は、気節・経世済民・文章の淵藪である。現今、聖上は経学を尊崇し、漢の大尉・南閣祭酒の許君（許慎、字は叔重、汝南召陵の人。永元十二年、東観で書を校正し、「説文解字」を完成した）を学宮に祀り、試験答案で経策の空疎なものは、磨勘のうえ罰がある。使者《わたし》は宣徳のお気持ちを奉じ、まことに諸生には先哲を継ぎ、蜀学を起こしてくれるよう願っている。しかし歳・科の両試はそのすでに備わったもので進退去取できるのみ、そのまだ至らぬものを補益はできない。批抹も詳細にはできず、発落も尽くすことはできない。ただこれを比較するのみ、これに教えるのではないのである。そこで議論して書院を建て、府で分けて優秀な者を抜擢し、各郡がみな関与する。その学の大小、人の多少をみて等級とし、教師を招き書を購入し、業を分けて課目を定める。学成って郷里に帰れば、おのおのその郷里の後進を唱導し、つぎつぎと伝えつづけて、その後蜀全土はみな通博の士・致用の材となるのである。ことわざ（「呉子」治兵篇）にいう、「一人戦を学ばば、教えて十人と成る（十人戦を学ばば、教えて百人と成る。百人戦を学ばば、教えて千人と成る。千人戦を学ばば、教えて万人と成る）。万人戦を学ばば、教えて三軍と成る」と。操作は簡約にして施しは博い、これが使者および諸公の本意である」。本義を説く、第一諸生が問う、「先生の本意はもう聞くことができました。学ぶ者の要点はどうですか」。いう、「志を定めるのが大事だ。南の越地に往こうとして北の太行山脈に向かい、馬が良ければ良いほど、目的地からはいよいよ遠ざかる。分かれ道でうろうろする者は、一日に十里を行けない。書院に入るのは、学問のためである。膏火のためではないのである。書巻を閉じてみずから考えるに、はたして理解できるだろうか。ひと月を超えてみずから反省するに、学に進歩があるだろうか。出ては同舎の者に接し、帰りては発憤するに、我れには人に勝るところが有るだろうか。学海堂の三集、(4)詁経精舎文鈔の三編(5)は、みな書院諸生の著作である。どうして諸生がかれらに及ばぬことがあろうか。一度の試験の高下でもって喜怒するなかれ。蒙昧に丸写しし、僥倖をたのんで自分を欺くことなかれ。時は二度と来ない。教師はいつも得られるわけではない。「何の聞く所にして来たるや、何の見る所にして去るや(6)」これは恥ずべきであるか、それとも悔やむべきであるか。慎んでいたずらに書院に入れてもらった高材生の評価でもって人の指弾を招くことのないようにせねばならないのである」。定志（志を定む）を説く、第二

諸生が問う、「志は読書にあるのですが、何の書を読めばよいですか」。いう、「術を択ぶのが大事だ」。「何の術を択べばよいですか」。いう、「決まりはない。経史・小学・輿地・推歩・算術・経世済民・詩古文辞、みな学ぶのである。通じないものがない者は、時代に数人もいな

い。高材生はあるいは二三《にさん》の専門を兼ね、その一を精緻に追求する。性には近いものがあり、志には存在するものがある。択んでこれを為せば、必ず成ることが期待できる。博でなければ通じない、専でなければ精でない」。択術（術を択ぶ）を説く、第三〔ある者がいうには、「経学〈小学が属す〉・史学〈輿地が属す〉・経世済民〈国朝の掌故が属す〉・算学〈天算が属す〉・詞章の五門に分けるのがよい。それぞれ一人の教師を招き、弟子はそれぞれ一業を執る」と。その法は本当に善いが、しかし経費が巨額すぎ、実行できないのである。しばらくは他日にまつことにしよう。算学は教師を得難いが、省城（成都）にはこれに精しい韓紫汀君（未詳）がおり、この業を問うことができる〕

諸生が問う、「術は人の択ぶにまかせるとすれば、どうして経に通じる必要があるのですか」。いう、「本があるからだ。『大学』にいう、「物には本・末がある」と。『論語』にいう、「本立ちて道生ず」と。聖賢は天下の事理に通じてこれを言うので、「本」という。学ぶ者はそれにより、「根底」という。およそ学の根底はかならず経史にあり、群書を読む根底は経に通じるにあり、史を読む根底も経に通じるにあり〔ある者がいうには、「史は経と何の関係があるのか」と。知らないのだ、史学の要領は「三史」（史記・漢書・後漢書）にあり、経学・小学に通じずして、「三史」に通じることのできる者はいまだかつていないことを〕、経に通じる根底は小学に通じるにある、これは万古不廃の理である。小学に通じなければ、その経の解釈はみな燕説(7)である。経学に通じなければ、その史の読解は表・志を読めないのである。経史に通じなければ、その詞章の訓詁は不安が多く、事実は不審が多く、言葉には富んでも、かならず理には乏しい〔小学に通じなければ、「文選」に隅々まで通じることができる者もいないのである〕。だからおよそ士たる者は、かならず経学・小学を知らねばならない。この両端を総合するのは、その愛好をきわめ心に悟るにある。これにより一家の著述をなそうとする者は、終身にわたってこれによって尽きることがない。もし簡約にしてこれを求めるならば、「説文」を治める者は、六書義例の区分、篆書・隷書転変の次第、経伝の文字通借の常例、古今音韻の異同を知れば、経を治めるに足りるだろう。経学を治める者は、訓詁の本義、群経の要指、経師授受の源流、儒先の伝注の異同長短の大端を知れば、群籍を折衷するに足りるだろう。この数種の要点については、先輩の師匠において、その説がすでに備わり、その書がすべて存在する〔「輶軒語」「書目答問」がすでに詳しく挙げている〕。やや深くこれを求める者は、「説文」を三年治め、経学を七年治め、通計して十年で、多いとはいえないだろう。浅くこれを求める者は、「説文」を一年治め、経学を三年治め、通計して四年で、ますます容易である。もしその本があれば、それで一切の学術を行うと、「沛然として誰か能く之を禦《ふせ》がん」[8]となる。その最終目的は、有用に帰する。天下の人才は学から出る。学はまずこれを経に求めねばならず、経を治める方法はまずこれを漢学に求めねばならない。その趨勢はそうであり、その順序はそうである。人にはそれぞれ能があり、不能がある。性にはそれぞれ近があり、不近がある。もしどの人にも経生・

博士になってその外の学術をすべて廃するように強制すると謂うならば、どうしてさらに史論・詩文を学生に課することがあろうか」。務本（本を務む）を説く、第四

諸生が問う、「経学・小学の書は繁雑で覚えるのが難しく、異同が蜂起しています。どうすればよいのですか」。いう、「要領があり、使者《わたし》の撰述した「輶軒語」「書目答問」がそれを述べている。まだそれが繁雑だと恐れるのなら、もっと要約して言おう。経学はかならずまず「学海堂経解」に求め、小学はかならずまず段（玉裁）注の「説文」に求め、史学はかならずまず「三史」に求め、一切の学術を総計すれば、かならずまず「四庫（全書総目）提要」に求めねばならない。これを主とし、その他を補佐とする。ここから入らなければ、きっと得るものはなかろう」。知要（要を知る）を説く、第五〔督部の呉公（四川総督の呉棠）は初めこのように提案された、書院に入学する者は一人につき「五経」一、「（経典）釈文」一、「史記」一、「文選」一、「史記合評」（「帰・方合評史記」だろう）一を給付する、もし経費で賄えるなら、規則として定めてよい。さらに「国語」、「（戦）国策」、「両漢（漢書・後漢書）」、「三国（志）」、「説文（解字）」〔検字の付くものが必須〕、「歴代帝王年表」、「（四庫全書）簡明目録」は、みな成都に刻版があり、価格も安い。諸生は衣食を節約して、これも買い置かねばならない、と〕

諸生が問う、「すでに要領を知りました。それからどうすれば効果がありますか」。いう、

「日課を定めるのが大事だ。人は日記一冊を立て、毎日の読書の数、某書は第何巻から読み始め、第何巻まで読んだ、と記し、その疑問を記し、その収得を記す。疑問もなく収得もなくても無理にしてはならない。書は多いことが大事でなく真が大事だ。目を通すのは急激が大事でなく恒常が大事、渉猟が大事でなく深思が大事、議論が大事でなく校勘考訂が大事、強記が大事でなく理解が大事〔理解できてはじめて覚えられる。理解できなければ当然覚えられない〕、新解を創《つく》るのが大事でなく旧説に通じるのが大事、端緒を更《か》えるのが大事でなく一巻を読み終えるのが大事なのだ」〔大体書は三種、「説文」一、「〔四庫〕提要」一、その他は経か史か一、おのおの若干葉を読む。使者《わたし》は「提要」三部を置く。なおまだ読み切れないと恐れるなら、それぞれ一類を択び分けて読んでもよいだろう〕。監院がこれを監督し、山長〔院長〕が十日ごとにこれを検閲し、問責してこれを試験する。一課の試験が不合格の者は月費を罰として不給とし、二課の試験〔不合格〕は戒飭し、三課の試験〔不合格〕は院外に追放する。定課を説く、第六

諸生が問う、「試験により成績を計りながら収得のない者がいるのは、どうしてなのですか」。いう、「心を用いないことによる咎《とが》である。普段は遊び戯れ、試験を前にすると空っぽの頭の中を捜しまわる。〔これでは〕日日の試験も無益である。書をめくり抄出し、しばらくは責をふさごうとするが、書を調べても見つけられず、書を読んでも句読を打てず、要点を択び出すにも初めと終わりがわからない。考証の書から抄出するにも、どれが引証の語で、どれが著者

判断の語か区別できないのである。記事の書から抄出するにも、この事の始末がはっきりわからないのである。こうであれば、これを抄出してもやはり忘れ、これを引いてもわからず、毎日書を抄出しても無益である。文章を作るにも、剽窃を早道とし、資料集めを労苦とし、近人の浅俗の文を読めば喜び、古人の文集に神思を費やすのは厭う。屋根を仰ぐ（すべのないこと。「後漢書」寒朗伝に「其の舎に帰るに及んで、口は言わずと雖も、而るに屋を仰いで窃《ひそか》かに嘆ず」とある）に甘んじて日課を空しくし、古人に学んで神助を乞うことは承知しない。毎日詞章を作ったとしても、無益である。心を用いるかたちとしては、古書は奥妙ではあるけれども、かならずそれに通じることを求める。通じることができない者は、群書を考察し、繁雑なことを気にしてはならぬ。同学に質問しても、恥とおもうな。文章はたとえ苦渋でも、人にたより古人摸倣の誹りをほしいままにしてはならぬ。時俗の習慣に染まってはならぬ。このようにしても効果のない者は、これまでいないのである」。用心を説く、第七

諸生が問う、「心を用いながら労苦と思うのは、どうしてですか」。いう、「信じることが堅固でなく、途中でやったり止めたりするからだ。古書は簡略なものが多く、古訓は迂遠なものが多く、古事は隠されたものが多い。浅陋なものは怪しむことが多く、厭になれば疑いを生じ、難を畏れれば逃避を思い、すでに信じていないのである。およそ民とはともに始めを心配するのは難しいが、ともに成功を楽しむことはできる。古しえからの学問を行い、高等な文章を作

ることについて、嫌う者はこれを謗り、俗浅の者はこれを誹り、利禄を専らにし、獲得を求める者はこれを笑い、私見を挟む者はこれを攻めて、動揺脱落しない者は少ないのである。そもそも使者《わたし》も何故に心を焦がし力を労して難行難効・有害無益の事を設定し、蜀人を困らせるのだろうか。野人は芹を食べて甘いと感じ、そこでこれを衆人に公開すると、[9]嗜向を同じくする者はこれを試し、趣味を異にする者はこれを許す。（かくすれば）かならず古書（の内容）を行い、教師の説を信じ、使者《わたし》が欺いていないと信じることができる。ある者は躊躇するかもしれないけれども、しばらくは心志を降し抑え、無理にでもこれを行ってみたまえ。これを三年行って、やっぱり好いといえることがないとなれば、棄て去っても晩くはないだろう。使者《わたし》はまことに浅薄ではあるが、拙著の「輶軒語」「書目答問」両編を観るに、初学の者を啓発し、論は低く行いやすい。もし篤信してこれをえらび用いてくれるなら、しばらく教師がいなくても、かならず収得があるだろう。もしこの浅易なものすら、百言してその百をすべて信じないならば、許（慎）鄭（玄）が左におり、程（顥・頤）朱（熹）が右にいたとしても、かれをますます驚かして苦しめることになろう。また何の益があろうか」。篤信を説く、第八

諸生が問う、「これは学ばぬという病いを除去することができますが、近世の学ぶ者には門戸の弊害を生じることが多いのは、どういうわけですか」。いう、「学術には門径があるが、学ぶ者には援助してくれる党はない。漢学は、学である。宋学も、学である。経世済民・詞章以

下は、みな学である。かならずしも甘いものを嗜んで辛いものを嫌がることはないのである〔「輶軒語」がこれを詳しく述べている〕。大要は書を読むには漢学を宗とし、行いを制するには宋学を宗とする。漢学には過失がないわけではないが、しかしこれを宗とすれば、空疎で古しえを否定する弊害は除かれるのだ。宋学は病いがないわけではないが、しかしこれを宗とすれば、過失を少なくできるのだ。その短所については、前人がこれを攻め、わたしは心中にこれを知っている。学ぶ者はその事を論じる理に通じることが大事なのである。心が安らかなのが大事で、これを争ってもおのれに無益、これを排斥しても結局勝てないならば、止めておくのが一番である」。

諸生が問う、「そうならば、どうして性理の授業をしないのですか」。いう、「宋学はみずから行うことを重んじ、虚談は重んじない。山長がこれを率先し、これを規定するのが大事だ。授業できるものではないのである〔後に説く「慎習」「尊師」云云は、宋学である〕。使者《わたし》は〔漢・宋の〕両家につき慕うところはあるが党するところはない。ただに漢・宋の両家を一方的に廃することのないのみならず、その他の一切の学術も廃することはできない。もし書院に入る者が一を抱いて自足し〔「老子」に「少なければ則ち得、多ければ則ち惑う。是こを以って聖人は一を抱き、以って天下の式と為す」とある〕、此れを是とし彼《か》れを非とするならば、誤りである。書院に入らない者が一を執って攻めれば〔「孟子」尽心篇上に「中を執りて権無きは、猶お一を執るがごとき也」とある〕、いっそう大きな誤りである」。息争〔争いを息む〕を説く、第九〔漢学の師法を用いれば、諸儒の説を兼用しても、漢学である。宋学の準縄を守れば、性理を語らなくても、宋学である。漢学の師法は実事求是にとどまり、宋学の準縄は義と利の峻別にとどまり、深い談義はないのである〕

諸生が問う、「争いの端緒は終息しましたが、まだ心配はありますか」。いう、「教師を尊敬しないことが心配だ。教師がいなければ功は半分、教師がいれば功は倍だ。講義をしに来たからには、かならず長所があるはずだ。虚心に授業を受け、聞いたことは書き記し、その粗末を攻めるな、その隙を突くな、やたらと弁難を起こすな、その教学督導で成績が悪くても不満を持つな。同舎の諸生とはまたさらに切磋琢磨し、学が優れる者は（他に教えることを）惜しんではならぬ。成績の悪い者は（他を）嫉妬してはならぬ。歓談で一日をつぶしてはならぬ。経・史を侮ってはならぬ。繁重な書は、一人でめくるならば、難を畏れて止めてしまうが、諸生と力を合わせて調べるならば、成果を得やすい。疑義の難解な書は、独坐し冥思すれば息詰まるが、たがいに難詰追求し、談が妙趣にかなえば通じる。これは友の益であり、教師に次ぐものでもある」。尊師（師を尊ぶ）を説く、第十

諸生が問う、「学はこのようにすれば十分ですね」。いう、「そうではない。功を進めることを求めず、先に過失を少なくすることを求めよ。今天下の書院は、積習に溺れていないところ

は稀である。人が多ければ乱雑、授業に規定が無ければ放逸、教師が官法を用いられなければ遊ぶ。遊びまわり博打をし、結党してデマを飛ばし、訴訟に干渉し、講義の教師を誹謗する。品がすでに敗れているからには、どうして学が成ろうか。この轍を踏む者がいれば、監院は報告し、懲罰して許さず、斎長も責任を負うのである。昔湖学の弟子(10)は、路を行く者もみなわかっていて、人に敬愛されたことも、美《うる》わしいことではないか」。慎習(習を慎む)を説く、第十一

諸生が問う、「弟子としての道は、敬んで命に従いますが、しかし山長の教法はわからないのです。どうすればよいですか」。いう、「良い教師が来るならば、その教え方は事前に考慮して予知できるのである。書院は試験場ではなく、毎月の授業は試験ではない。この教えがまだ成就しない者、試験合格者でない者は、善く誘導しなければ駄目だ。初学の者が経を窮めるのに、(教師が)やり方を知らず、やたらに臆説するのは無益、純粋と雑駁を区別せず、任意に抄して取り出すのも無益である。毎課の出題で、経解の題は先儒がすでに確解定論の有るものをかならず出し、疏証させて、その悟り具合を見る〔疏証とは、類比し書を引いて実証する〕。あるいは旧解が二説に分かれるものは、みずから決定させて、その判断を見る。まず元の書を調べて諸生に宣示し、かれらに領解させ、それから執筆させる〔その書が書院の所有であることが必須である〕。講義の教師はその答案を評価し、その合不合・通不通を指摘してから、か

ならず書の確解を作り、講堂に張りだす。史論の出題は史事を論じるのであり、一人を論じるのでない。考弁を重んじて空論を重んじない〔出題は正史の各志および「通鑑紀事本末」「通典」「（文献）通考」の属から取る〕。詩賦・雑文は多く擬古させる。元の作を示し、かれらにその義法を考えさせ、その気格を摸倣させる。こうすれば、一解を試験すれば一経義に通じるのである。一論を試験すれば一史案を知るのである。一詩文を試験すれば古人の一詩文に習熟するのである。これは科目に去取があるようなものではなく、かれらに射覆〔物を鉢などの下に置き当てさせる遊戯〕させて苦しめるようであってはならぬのである」。善誘を説く、第十二〔今年、使者《わたし》は諸生を限定して、「説文」を六書により分類させた。かれらに「説文」を一度通閲させたかったからである。かれらに「帰・方合評史記」を五色の筆で臨書させた。かれらに「史記」を五度通閲させたかったからである。かれらにまず「四庫〔全書総目〕提要」経部を閲読させた。その中ではあるいは著者の本末を考核し、あるいは版本を校勘し、あるいは他事を議論し、経の訓詁ばかりでなく、性霊を開発できるからである。これもかれらを誘っただけ、その方法はかならずしもこれに尽きるものではないが、その意向はあるいは採用できるだろう〕

山長は諸生と五日に一度講堂で会い、監院は日記を呈出する。山長はその学習した書を摘んでかれらに質問し、収得があったかどうかを検査する。日記を通閲しおわると、かれらに講説し、問難に堪えられず、記したことが不実である者は罰し、前に講授したことに答えられない者は罰し、ひどい者は体罰[11]をあたえる。休暇で（郷里に）帰るときは、その遠近を見て日限を決めるが、日限を越えても戻らない者は除名する。その日になって闕がでたら補う。程功を説く、第十三〔毎月、官課[12]の後でやっと戻った者は、月費を受け取ることができない〕

（山長は）その怠惰を懲らしめるが、その学力も惜しむので、毎月ただ二度試験をする〔官課一度、斎課一度〕。試験はただ四題〔経解一題、史論一題、雑文と賦を一題とし、詩一題。賦と雑文とは一緒には出さず、雑文は駢文か散文か、便宜にする〕、減らせるが増やしてはならない。四日で答案を提出し、もし余力があれば、書を読むことができる。もし「思いて学ばず[13]」んば、精力を労費し、無益にして有害、士を教えることの本意ではないのである。惜力（力を惜しむ）を説く、第十四

調院[14]の外に試験を受ける者（合格通知はないが優秀な者）は禁じないが、その籍貫・学冊・その人の有無および真偽を調査する。外省人をみだりに入れた場合は、監院が責任を取る〔試験に応募する者は偽名が多く、積習はこのようである〕。録取はやや厳しくすべきであり、山長が一度面接試験をして、その文の書き方、字の形の検査に備えるのがよい。三度試験して二百名以内に入らぬ者は、除名する。どの試験でも膏火は百名で、書院に居住する者がいつも七割、試験応募者が三割を超えることはない。もし応募者が多すぎ、優れた答案が多すぎても、五割

を超えることはなく、その膏火を奪ってその用に給することはさせない。恤私（私を恤《あわ》れむ）を説く、第十五〔およそ月費（毎月地方官が支給する生活費）・膏火の支給は、監院がその名を登録し、山長が印章を捺すと、塩道[15]に申請し、塩道もその名を書き、その人数を挙げ、書院の門外に掲示する〕

およそ山長たる者は、臆病であってはならぬのである。かならず寛大に誘導し、かならず厳格に規制する。山長はこれを主持し、監院はこれを補佐し、斎長はこれを承け、各役所はこれを監督する。腐敗の習気ある者、邪説謬論する者、名は著録されているが課程を取らない者は、罰がある。軽ければ罰として月費を給せず、重い者は体罰をあたえ、さらに重い者は屏逐（駆逐・排除）し、それより重い者は逐い出した上に、監院が提学に劣と注するよう上申し、さらには除籍する。書院の門は戌（午後七時）になると閉じて鍵をかけ、名籍の無い者は一人も書院内に入居することを許さない。書院は四人の斎長を設けて、規制を助け、課程を監督する。（斎長は）その月費を増やし、学業優秀で年長の者を充てる。学院が選用し、過失が無ければ交替しない。欠ければ命を請うて更に補充する。監院も私情で派遣することはできず、銭物や瑣末な俗事を斎長に委ねることはできない。教条を犯す者があり、監院・斎長が報告しないならば、軽ければ過失を記し、ひどければ交代させる。約束（規制）を説く、第十六書院が所蔵する書は、監院が助けを借り〔官が発給したもの以外に、使者《わたし》が二百部余りを寄付した〕、二人にこれを管理させ、その月費を増やす。およそ書はかならず書の管理者にその前額に（書名を）題する責任を持たせ、違反する者は罰する。このようにしなければ、検査できないし、読むこともできないのである。一年で交代させ、留任はできない。本省都（成都）の人を用いてはならない。かれは書院外に居住するからである。書院から（外に）借りだしてはいけない。書の管理は物事に明るい者を択ばねばならず、多すぎてはいけないが、とりわけ少なすぎても駄目である。もし遺失すれば、書を借りた者に期限を決めて他所から借り鈔補《しょうほ》（書き写して補足する）させる。鈔補できない者は罰する。書の管理者は無罪とする。その罰巻が多い者は、毎函につき一《ひと》月の月費、罰巻の少ない者は、毎部を一函として扱う。とりわけ精秘な書は、酌増する。もし書の管理者を有罪とすれば、固く閉門して書を出さず、罰が重すぎるならば、人は借りる気にならない。書を失うのはまだよいが、書を束ねたままで読めないのは、不可である。書籍を説く、第十七〔局刻の書版で書院に蔵するものは、印刷販売するとき紙料に応じて価格を三等に定め、刊登し宣示する。もし経費が充足していれば、およそ学生がみな読むことを切要とする書は、書院中に各書を十部ほど置かねばならない。注疏・経解・正史・「（資治）通鑑」・「（四庫全書総目）提要」・「説文（解字）」・「玉篇」・「広韻」、および考拠家の最も著名な書、周秦の諸子、大家文集の属のようなものは、数千金を費やしたとしても、その効果はとても巨大であり、惜しむには足らないのである。だが、しばらくは他日にまつ。正史はたとえ坊本でもかまわない」

諸生が問う、「時文（八股文、「四書」文）を課目にしないのは、どうしてですか」。いう、「必要ないからだ。世人は試験に応じるために学を好まず、根底が日に日に薄くなって「四書」文は日に日に不振となっている。あきらかに詔勅で郷・会の試験につき経・策を重視するよう指示するが、下は応じるすべがない。だからこれ（経策）を行ってその源を養い、それでその不足を補う。「四書」文のようなものは、大小の試験でこれを用い、各郡・県の書院でこれを課目とするから、諸生で学習しない者はない。今またこれを課目とするのは、余計である。かつ月に「四書」文の一課を増やすのは、時日も精力も堪えられないのである」。

諸生がいう、「そうであれば、科目名と合わないのではありませんか」。いう、「そうではない。根底が深いのに詞章が工みでない者は、少ないのである。一切の詩・古文辞に工みなのに試験勉強のできない者は、そもそもまた稀である。それ（経策）は時文においても助けとなるものがある。なんの害もないのである。あるいは自分で行ってもかまわないのである。あるいは他の書院の課に応じて行ってもかまわないのである。どうしてこれを禁じられようか。まして策論・詩賦は考古である。答案に白折（科挙のときに用いる書体。その体式は館閣体と同じである）を用いるのは、書法を学習するのである。選抜から殿試まで、古学・楷書法を見て進退が決まらぬ者は、これまでいないのである。時文はもとより学習するものだが、またこれに諸

条を足せば、科目名として考えても、そもそも周到なのである」。釈疑（疑を釈く）を説く、第十八

すべて十八条は、使者《わたし》が蜀士（四川省の士人）のために計ったものである。こうすれば、この後山長や大吏・学使でこの事を主持する者が、用いられるものはこれを採用し、不備のものはこれを補う。もし急には教師を得られない、あるいは教師が教育に怠惰であるならば、諸生が自らこれを行い、誰もそれを禁止できないだろう。法が善くなければ立てても行われず、法が善くても長期にわたれば変化する。先王すら後賢に継承されなかったのに、まして試験官ではなおさらだ。これを行って堅固か否か、有効か否かは、あえて知るところではない。そもそも蜀の今やるべき事は、学のみではないのである。学の修むべきは、蜀のみではないのである。「府に在りては府を言い、庫に在りては庫を言う」（輶軒語　訳注3）は、使者《わたし》の職である。諸生に挨拶して退出し、そこで問答の語を書き留めて、「記」とする。

光緒二年十一月、提督四川学政・侍読銜・翰林院編修の張之洞撰す

訳注

輪軒語

（1）原文は「規瑱《きてん》」。「国語」楚語上に、「（白公は再び諫め）、王は之を病む、曰わく「不穀は用いる能わずと雖も、吾れ慭《つつし》みて之を耳に置く」と。対《こた》えて曰わく、「頼《さいわ》いにも君之を用いる也。故に言う。然らずんば、巴浦の犀犛兕象《さいぼうじぞう》は、其れ尽くす可けん乎《や》。其れ又た規を以って瑱と為す也」と。遂に趨りて退く。帰りて、門を杜ざして出でず」とあり、韋昭の注に「規は、諫也。瑱は、耳を塞ぐ所以なり」とある。

（2）原文は「引伸触長」。「易経」繋辞伝上に「引きて之を伸ばし、類に触れて之を長ずれば、天下の能事は畢《おわ》れり矣」とあり、孔穎達の疏に「事類に触逢して之を増長するを謂う」とある。

（3）在官言官　「礼記」曲礼篇下に「君命、大夫は士と肄《まな》び、官に在りては官を言い、府に在りては府を言い、庫に在りては庫を言い、朝に在りては朝を言う」とある。

（4）「発落」は、処置する、処理する、という意味。早くは元本「老乞大」第五十四話に「咱毎《われら》は草料を捨著し、好生よく幾日か喂《くわ》せて発落しても、也《ま》た遅からず」などとある。学政にとっては、歳試・科試の後に生員に対して試験の等次（歳試は四等、科試は三等に分かれる）、それに応じる奨励懲罰などを告知することを意味し、その言葉が「発落語」である。素爾納等纂修、乾隆三十九年刊「欽定学政全書」、つまり清代の科挙教育制度に関する政書の巻十九「発案発落」では、「発落語」を載せるが、そこには「教官は諸生を随領し、発落を聴候し、先ず訪過せる優劣の生員を将《も》って、衆と同に審問し、衆情が厭服《えんふく》して、方《はじ》めて賞罰を行う」などとある。

また光緒年間には、序と第一から第六までを収めたものが「発落語」の書名で刊行された。

（5）揚雄、字は子雲、四川成都（蜀郡）の人、漢代を代表する学者。かれの訓詁学の著作で、中国最初の方言辞典たる「方言」は、正式には「輶軒使者絶代語釈別国方言」という。もともと周秦のとき毎年八月に、政府は「輶軒使者」つまり「輶軒」軽便な車に乗った使者を各地に派遣し、古今の言葉や各地の方言を採集させ、そこの風俗を調査し統治する助けとした。漢代になって、揚雄はこれらの採集された材料を二十七年かけて分類編纂し、「絶代語釈」「別国方言」の二面から詮釈して、すべて九千字、十五巻の「方言」を完成したのである。ここでの「輶軒」は、学政を意味しよう。

（6）臥碑は、明の太祖が初めて創成したもので、勅令十二条の碑文を刻し、学宮の明倫堂の左側に置いて士子を訓諭した。清の順治九年になると、あらためて八条を頒ち、各処の孔子廟の明倫堂の左側に立て、生員に提示した。その碑文をあげると、

一、生員の家は、父母の賢智なる者は、子は当に教えを受くべし。父母の愚魯なる或いは非為有る者は、子は既に書を読み理に明るければ、当に再三懇告し、父母をして危亡に陥いざらしむべし。

一、生員の志を立つは、当に忠臣清官と為るを学ぶべし。書史に載する所の忠清の事迹は、務めて須らく互相に講究すべし。凡そ国を利し民を愛するの事は、更に宜しく心を留むべし。

一、生員の心を居くこと忠厚正直なれば、読書は方めて実用有り、出仕は必ず良吏に任ず。若し心術邪刻なれば、読書は必ず成就無く、官と為るも必ず禍患を取らん。人を害するの事を行う者は、往往にして自ら其の身を殺す。常に宜しく思省すべし。

一、生員は官長に干求し、勢要に交結し、進身を希図する可からず。若し果たして心善く徳全ければ、上天之を知り、必ず加うるに福を以ってす。

一、生員は当に身を愛し性を忍ぶべし。凡そ有司官衙の門は、軽く入る可からず。即《たと》え己に切なるの事有れども、止だ家人の代告するを許し、他人の詞訟に干与するを許さず。他人も亦た生員に牽連して証と作るを許さず。

一、学を為すは当に先生を尊敬すべし。若し講説あらば皆な須らく誠心もて聴受すべし。如《も》し未だ明らかならざる有らば、従容として再問し、妄《みだ》りに弁難を行う毋《な》かれ。師為るものも亦た当に心を尽くして教訓すべく、怠惰を致す勿《な》かれ。

一、軍民の一切の利病は、生員の書を上《たてま》つり陳言するを許さず。如し一言の建白有らば、制に違うを以って論じ、黜革《ちゅつかく》して罪を治す。

一、生員は多人を糾党し、盟を立て社を結び、官府を把持し、郷曲を武断するを許さず。作る所の文字は、妄りに刊刻を行うを許さず。違う者は提調官の罪を治すに聴《まか》す。

ここでポイントとなる生員とは、明清では、最低級の試験に合格して、府・県の学に入学した者を指し、秀才と俗称する。生員は、公文・呈文・状紙に用いる肩書でもある。

（7） 康煕帝の聖諭十六条は、聖諭広訓とも称され、その条文をあげると、
一、孝悌を厚うし、以って人倫を重んず。二、宗族を篤うし、以って雍睦《ようぼく》を昭らかにす。三、郷隣に和し、以って争訟を息む。四、農桑を重んじ、以って衣食を足らしむ。五、節倹を尚び、以って財用を惜しむ。六、学校を隆《おこ》し、以って士習を端《ただ》す。七、異端を黜《しりぞ》け、以って正学を崇む。八、法律を講じ、以って愚頑《ぐがん》を儆《いまし》む。九、礼譲を明らかにし、以って風俗を厚うす。十、本業に務め、以って民意を定む。十一、子弟に訓え、以って非為を禁ず。十二、誣告《ぶこく》を息《や》め、以って良善を全うす。十三、逃を匿すを誡め、以って株連《しゅれん》を免る。十四、銭糧を完うし、以って催科を省く。十五、保甲を聯ね、以って盗賊を弭《や》む。十六、仇忿を解き、以って身命を重んず。

（8） 書院は、旧時の教育施設で、唐の玄宗のときの洛陽の麗正書院が最初とされる。宋代になって、朱子が正式な教育制度を確立し、発展した。当時、富商・学者が資金を出して学舎を建立したり、学田を置いて租税を徴収し経費に充てたりした。清代では、応天府書院（河南商丘）・岳麓書院（湖南長沙）・白鹿洞書院（江西九江）・嵩揚書院（河南鄭州）が四大書院と称される。

（9） 大場は、明清時代には、科挙の三段階たる郷試・会試・殿試のはじめ郷試の試験場をいい、また郷試そのものを指す。清の顧炎武の「日知録」巻十六「試文格式」に、「後来学政は、苟且《かりそめ》が風と成り、士子の試巻は、四書各経の字を省却し、竟《つい》に題目従り写《か》き起こし、大場の式に依り、概ね下二格を以って題と為す」とある。小場は、おそらく郷試以前に受験する童試をいうだろう。

（10） 義学は、旧時の学費免除の学校で、資金の来源は地方の公益金や私人の援助だった。早くは「新唐書」王潮伝に「乃ち四門義学を作り、流亡を還し、賦斂《ふれん》を定め、吏を遣りて農を勧めしめ、

人は皆な之に安んず」とある。

（11）武生は、武科挙の生員。明代から、武科挙がおこなわれ、首都および衛所に武学を設置し、軍官の子弟を訓導した。およそ十歳以上で軍職を継承できる子弟は、入学して学習することになり、教材は「武経七書」だった。地方の若者も試験に合格すると武学学生の資格を得て、武生と号し、文科挙の生員と同様にあつかわれた。

（12）以下の原注二句、あるテクストでは、「立身では深みに臨んで高いと思う勘違いがおのずと無く、学問では井桁や堂上のくぼみを楽しみとする勘違いがおのずと無い」となっている。「臨深為高」は、「礼記」儒行篇に「深みに臨んで高しと為さず、少なきに加えて多しと為さず」とある。「井桁」は、「荘子」秋水篇に「吾れ楽しい与《かな》。吾れ井幹の上に跳梁し、入りて欠甃《けつしゅう》の崖《きし》に休む」とあり、「堂上のくぼみ」は「荘子」逍遥遊篇に「杯水を坳堂《おうどう》の上に覆せば、則ち芥之《あくたこれ》が舟と為らんも、杯を置けば則ち膠《こう》せん。水浅くして舟大なればば也」とある。

（13）范文正　范仲淹（九八九―一〇五二）、字は希文、諡は文正、蘇州呉県の人。宋の傑出した政治家・文学者。参知政事にまでなり、慶暦新政を遂行した。かれの「岳陽楼記」の「天下の憂いに先んじて憂い、天下の楽しみに後れて楽しむ」二句は有名。清朝では孔子廟や歴代帝王廟に従祀された。

（14）孫文正　孫承宗（一五六三―一六三八）、字は稚縄、諡は文正、河北高陽の人。明の著名な忠義の臣。清の方苞の「高陽孫文正公逸事」がある。

（15）「唐史」は「新唐書」杜甫伝だろう。そこには「甫は曠放《こうほう》にして自ら検せず、好んで天下の大事を論ずるも、高くして切ならず」論調は高尚だが実際から離れている、とある。

（16）「皇朝三通」は、「皇朝文献通考」三百巻、「皇朝通典」一百巻、「皇朝通志」一百二十六巻で、いずれも乾隆時の官修。
「大清会典」は、「大清五朝会典」のことで、清の官修政書。康熙時の初修（一百六十二巻）、雍正（二百五十巻）、乾隆（一百巻）、嘉慶（八十巻）、光緒（一百巻）の続纂。「官を以って事を統べ、事を以って官に隷す」という書き方で、政府機構を綱とし、各種の政事をそこに結びつける。

（17）「聖武記」は清の魏源撰、全十四巻、道光二十二年（一八四二）に成る。前十巻は紀事本末体で書かれた清朝建立から道光年間までの軍事史。後四巻は著者の軍事問題に関する論述。張之洞が光緒元年、つまり「輶軒語」と同時に編した「書目答問」史部紀事本末類に「聖武記十四巻、魏源。通行は大字・小字両本。「平定粤匪記略」二十二巻、同治四年湖北省官撰、通行刻本も、亦た備考す可し」とある。
「満漢名臣伝」は、「国朝満漢名臣伝」八十巻で、「清史列伝」ともいう。「書目答問」史部伝記類に「国史に依りて鈔録す。通行本。満四十八巻、漢三十二巻」とある。

「皇朝経世文編」は、一百二十巻。「書目答問」史部詔令奏議類に「賀長齢・魏源編。長沙原刻本、翻本は譌多し。此の書は最も用に切なり。是の書は尽くさず。奏・議の此の両体を多と為す。陸燿の「切問斎文鈔」は実に其の先を開くも、此の詳なるに如かず」とある。

「国朝先正事略」は、六十巻、平江の李元度撰。「書目答問」史部伝記類に「今人。長沙刻本。初学は検閲に便なり」とある。

（18）帖括　唐の制度では、明経科は帖経でもって試験した。経文の若干字を貼りつけてかくし、受験者に回答させたのである。のち受験生は帖経が憶えにくいので、経文を総括して歌をつくり、時に応じて記誦するのに便利なようにした。これを「帖括」という。のちには科挙受験用の文章をいうようになり、明清時代にはもっぱら八股文をこう称した。

(19) 八股文をいう。この文は、また制義・制芸・時文ともよばれる。科挙試験に出題される文体の八股文は、破題・承題・起講・入題・起股・中股・後股・束股の八部分から成り、四書五経の原文から出題される。受験者は孔子・孟子の口調で文を作らねばならない。また四組の対句は平仄を厳密に整えねばならない。

(20) 原文は「沛然有余」。「春秋公羊伝」文公十四年に「力沛として余り有るが若し」とある。

(21) 原文は「納粟」。明清時代、富家の子弟は財貨を捐納して国子監の監生となり、省都・首都の試験に直接参加できた。これを「納粟」という。

(22) 童試は、童生試・郡試ともいい、生員を取るための入学試験である。受験生は年齢に関係なく、童生とよばれる。県試・府試・院試の三段階があり、院試に合格すると所在地の府・州・県の学に入って生員となり、秀才と俗称される。県試は毎年二月、府試は四月に行われる。院試は三年に二度行われ、丑・辰・未・戌の年のは歳試、寅・巳・申・亥の年のは科試とよばれる。

(23) 廩生は、廩膳生ともいう。廩膳生員のことで、明清時代、公家が膳食を支給する生員。清代では、歳試・科試に優秀な成績で合格した者を廩生と認定し、州県によって定数は異なるが、毎年廩餼銀四両を支給する。

(24) 原文は「捉刀」。「世説新語」容止篇に、匈奴の使者が魏にやって来たとき、曹操は身代わりを魏王とし、自らは「牀頭《しょうとう》に刀を捉る人」となった。のち匈奴の使者に感想を聞くと、「魏王は雅望常に非ず。然し牀頭に刀を捉る人は、此れ乃ち英雄也」と述べた、という。これより「捉刀」は身代わり、替え玉をいう。

(25) 廩保は、童生に不正のないことを保証する廩生。清政府は童試の不正を禁止するために、厳格な廩保制度を行った。廩保は在学中の廩膳生から選ばれ、受験の童生の、一、身分が潔白である、二、他人の戸籍に入っていない、三、替え玉受験はしない、四、父母の喪に服する期間が終わっていないのに受験することはしない、という四項目を保証した。

(26) 提学は、提督学政の略称で、清朝では雍正年間に初めて設置され、省級の科挙や教育を管轄する。毎省一人、皇帝がみずから進士出身の京官から選び、各省に派遣して院試を主宰し、かつ各地の学官の官員を督察させた。ゆえに地方官ではなく、欽差の性質を持つ。一任は三年。張之洞も、同治十二年（一八七三）、三十六歳、京官たる翰林院庶吉士から、四川省の提督学政に任ぜられ、ここ四川に赴任してきたのである。

(27) 原文は「為輔為坐」。「春秋左氏伝」僖公二十八年に「衛侯は王晅と訟す。寧武子を輔と為し、針牀子を坐と為し、士栄を大士と為す」とあり、「輔」は訴訟補助人、「坐」は代理人。

(28) 原文は「孳孳《しし》為利」。「孟子」尽心篇上に「雞鳴きて起き、孳孳として善を為す者は、舜の徒也。雞鳴きて起き、孳孳として利を為す者は、（盗）跖の徒也。舜と跖との分を知らんと欲せば、他無し、利と善の間也」とある。

(29) 「尸子」に「孔子は盗泉を過ぎ、渇したるも飲まず。其の名を悪《にく》む也」とある。

(30) 「礼記」祭義篇に「父母の既に没すれば、必ず仁者の粟を求め以って之を祀る。此れを礼終と謂う」とある。

（31）薛文清は、薛瑄（一三八九―一四六四）、字は徳温、号は敬軒、謚は文清、山西河清の人。明代の理学者で、河東学派の創始者。隆慶五年（一五七一）には、孔子廟に従祀された。しかしこの言葉は、元の理学者たる許衡の講学を弟子が書き留めたもので、「学を為す者は生を治むるを最も先務と為す」（「許衡集」巻十三）とある。

（32）扶箕　「扶乱《ふき》」ともいい、道教の占いの方法。棒を組み上げた支えに一本の棒を吊るし、二人が支えを扶《ささ》えると、棒は砂を敷いた皿に字句を描く。これを神の啓示とする。日本のこっくりさんにあたる。

（33）「説文解字」巻三下、卜部に「卟は、卜し以って問疑する也。口・卜に从《したが》う。読みは稽と同じい。「書」には「卟疑」と云う」とある。そして「書」、つまり「書経」洪範篇には「次の七は明には稽疑を用うと曰う」とある。「稽疑」は卜筮で疑問を解決すること。

（34）「陰騭文」は「文昌帝君陰騭文」の略称で、文昌帝君の降筆という名義で編纂された道書、成書年代は不詳。天人感応や因果応報に依拠して、儒教道徳や道・釈の教条を説く。
「感応篇」は「太上感応篇」の略称で、太上が人に善をなすよう勧める道書。こちらからあちらを動かすのが「感」、あちらがこちらに応じるのが「応」、善悪に応じ天地を感動させると、かならず応報がある。「古今第一善書」とよばれ、明清時代に大流行した。

（35）「九皇経」は「先天神後斗姆元尊大道九皇真経」の略称。道教では北斗七宮に左輔右弼を合わせて九宮星君とするものを、九皇と称し、礼拝の対象とする。その神名は、天枢宮貪狼星君、天璇宮巨門星君、天璣宮禄存星君、天権宮文曲星君、天衡宮廉貞星君、闓陽宮武曲星君、瑶光宮破軍星君、洞明宮外輔星君、隠光宮内弼星君である。この経を唱えるとご利益がある。

「覚世経」は、道教経典「関聖帝君覚世真経」の略称。関帝が降筆した勧善良言で、流通する過程で「覚世宝訓」「覚世篇」とも称される。主に世人が醒悟し、過を思い善に遷《うつ》り、徳を積み身を修めるように勧める。

(36)「大学」は儒家の修身斉家治国平天下の思想を論述した「礼記」の一篇で、春秋戦国の曽子の作とされる。

「中庸」は人生修養の境地を論述した道徳哲学の書で、やはり「礼記」の一篇、戦国時代の子思の作とされる。中庸は道徳行為の最高標準で、至誠であれば人生の最高境地に到ると説く。この二篇はいずれも宋代の儒者により儒教の最高経典「四書」に入れられた。

(37) 別のテクストでは、この後に「良士は惑わす所と為る勿かれ」の句がある。

(38) 桑悦(一四四七—一五一三)、字は民懌、号は思亥、江蘇常熟の人。その人となりは怪異で、大言を好み、孟子でもって自らたとえ、「文章は天下を挙げてただこの悦のみ」と号していた。著作は「南都賦」「北都賦」が有名。

徐渭(一五二一—九三)、字は文長、号は青藤老人・天池生など。幼時より聡明で、文思は敏捷だった。しかし生活は苦しく、胡宗憲の幕僚だったが、胡が下獄すると、恐怖で発狂し、自殺を九回も試みた。のち後妻を殺して下獄し、七年後に保釈されたが、貧病こもごも至り、詩文や画を売ってなんとか生活し、一生を終えた。著作は「四声猿」「歌代嘯」「南詞叙録」など。

(39) 陳継儒(一五五八—一六三九)、字は仲醇、号は眉公・麋公、松江府華亭の人。諸生の出身、二十九歳から小昆山・東佘山に隠居し、著述に励み、詩文に巧みだった。著作は「小窓幽記」「妮古録」など。

金人瑞（一六〇八—六一）、原名は采、字は若采、明滅亡後は名を人瑞、字を聖嘆、と改めた。人となりは狂放不羈、詩文を善くした。歳試の作文が怪誕だとして不合格となり、以後は仕進の道を絶ち、読書著述を楽しんだ。順治十八年、いわゆる蘇州の「哭廟案《こくびょうあん》」に巻き込まれ、叛逆罪で斬首に処された。刑に臨むとき、家人に「蓮子　心中苦しく、梨児　腹内酸ぱし」の句を残した。文学批評家として著名で、評点により「水滸伝」「西廂記」を高く評価した。

(40) 高陽の才子　「春秋左氏伝」文公十八年に「昔し高陽氏に才子八人有り、蒼舒《そうじょ》・隤敳《たいき》・檮戭《とうたい》・大臨・尨降《もうこう》・庭堅・仲容・叔達、聖に斉しく淵より広く、明允篤誠、天下の民は之を八愷と謂う」とあり、宋の王安石の「許秀才に答う」詩には「高陽に才子有り、笈を負いて晨饘《しんせん》を求む」、同じく宋の陳棣の「李明甫の召されて奉常簿に除せらるを送る」詩には「鋒車　召しに趣くこと虚日無く、高陽の才子は咸《み》な登庸」とある。

(41) 諸葛の名士　「世説新語」品藻篇に「諸葛瑾・弟の亮及び従弟の誕は、并びに盛名有り、各おの一国に在り。時に於いては以って「蜀は其の龍を得、呉は其の虎を得、魏はその狗を得たり」と為す。誕は魏に在りて、夏侯玄と名を斉《ひと》しうす。瑾は呉に在りて、呉朝は其の弘量に服す」とある。なお諸葛亮の叔父の諸葛玄も名士と称された。

(42) 「説文解字」巻六、才部には「才は、艸木の初め也。|の上に一の貫くに从《したが》う。将に枝葉を生ぜんとす。一は、地也。凡そ才の属は皆な才に从う」とある。

(43) 「春秋左氏伝」文公十八年に「舜は堯に臣たり、八愷を挙げ、后土を主《つかさ》どり、以って百事を揆らしむ。時序ならざる莫く、地は平らかに天は成る。八元（高辛氏の才子八人）を挙げ、五教を四方に布かしむ。父は義、母は慈、兄は友、弟は共、子は孝、内は平らぎ外は成る。是こを以って堯崩じて天下は一の如く、同心もて舜を戴き以って天子に挙ぐるは、其の十六相を挙げ、四凶を去るを以って也」とある。

(44)「春秋左氏伝」文公十八年に「舜は堯に臣たり、四門に賓し、四凶の混沌・窮奇《きゆうき》・檮杌《とうこつ》・饕餮《とうてつ》を流し、諸れを四裔に投じ、以って魑魅《ちみ》を御せしむ。」とある。

(45)「礼記」月令篇の「季春之月」に「天下を周り、諸侯を勉めしめ、名士を聘し、賢者に礼す」とあり、その「正義」に引く蔡氏（蔡邕）が云うには、「名士なる者は其の徳行貞絶、道術通明なるを謂う。王者は臣とするを得ずして隠居し位に在らざる者也。賢者は名士の次、亦た隠者也。名士は優れ、故に束帛を加う。賢者は之に礼するのみ」と。

(46)「礼記」経解篇に「易に曰わく、君子は始めを慎め。差《たが》うこと毫厘《ごうり》の若きも、之を繆《あやま》ること千里、と」とある。

(47) 原文は「鉤乙」。書籍のある詞句の両端に、乙のような符号を付し（いまの「」にあたる）、抄録して資料とすることを示す。

(48) 別のテクストでは、この後に「古文由りして篆・隷、篆・隷由りして分・隷、分・隷由りして真書」の三句がある。

(49)「書目答問」経部小学類に「説文通検十四巻、今人。同治十二年広州新刻本、説文の後に附す。此の書は説文を繙検する為に設け、極めて便なり。毛模の「説文検字」二巻は、止だ汲古本を検ず可し。原刻・重刻の両本は、皆な成都に在り」とある。

(50) 別のテクストでは、この後に以下の一条があり、参考にあげておく。
経伝は元もとは篆書にして、古韻は自のずと部の分有り。古篆の形を識り、古語の声を暁りて、方めて能く古字の義を得。大率は字類は形に定まり、字義は声に生じ、篆形を知らば則ち今音の非を覚る可く、古音を知らば則ち今形の誤りを定む可し。故に形・声は識字の本為り。

(51) 同上に「小爾雅疏八巻、旧題は漢の孔鮒。晋の李軌の解。王煦の疏。鬱翠山房本。「漢書」芸文志の元書に非ず」とある。「漢書」芸文志には「爾雅三巻、小爾雅一篇、古今字一巻」とある。

(52) 同上に「埤雅二十巻、宋の陸佃。顧棫の校刻本。明の郎氏五雅本。多く駁雑にして尽くは経義に関せず」とある。

(53) 「史記」五帝本紀の賛に「太史公曰く」として「百家は黄帝に言うも、其の言は雅馴ならず、薦紳先生は之を難言す」とある。

(54) 「漢書」芸文志に「古文は読むこと応に爾雅なるべく、故に古今の語を解して知る可き也」とある。

(55) 別のテクストでは、この条の後に以下の一条がはさまっており、参考にあげておく。
「経典釈文」は皆な反切を用ゆ。反切なる者は何ぞや。反は、翻也、猶お翻訳と言うがごとき也〔反切の反は平声、読むこと平反の反の如く、翻と同字なり。「通鑑」の注音は、即ち書して翻と為す。宋人には「翻訳名義集」有り〕。切は、急也〔唐人は反の字を忌み、改めて切と称す〕。反なる者は、一字を翻して両声と成り、切なる者は、両字を合して一声と成るも、其の実は一也。緩く読まば則ち是れ反切の両字、急ぎ読まば便ち求むる所の一音と成る。経伝に載する所の「不可」を「叵《は》」と為し、「之乎」を「諸」と為し、「奈何」を「那」と為し、「勃鞮」を「披」と為し、「邾婁」を「鄒」と為し、「終葵」を「椎《すい》」と為し、「鞠窮」を「芎《きゅう》」と為し、「不律」を「筆」と為し、「須封」を「崧《しゅう》」と為すが如く、三代語の此くの如き者は毛挙す可からず。魏の孫炎は因りて創りて反語の法と為し、両字を以って一音を定む。直音一字は差《たが》い易く〔字下に音某と注する者は、直音と名づく。一形は写訛有るを容《ゆる》し、一声も亦た小変を恐る〕、反切は両音にて混じ難き〔両字の互相に参験する有りて、両字の形声の一時に倶に誤るには至らざる也〕が為なり。

反切の義は、此くの如きに過ぎず。法は甚だ簡、理は甚だ浅く、婦孺も暁る可し〔初め反切を制せしの時は、其の合声を取るに過ぎず、此の両字に就きて之を推測せば、則ち上一字は必ず母を同じうし、下一字は必ず韻を同じうす。此れは乃ち自然の理にして、求索を労せずして自のずと合う〕。乃ち宋以後、人は古経を信ぜずして、仏書を好み、遂に以って反切の字紐は西域より出づと為し、華厳字母を牽合し、等摂は煩砕、人をして迷罔ならしむ〔宋人は始めは唐僧の神珙の「反紐図」を以って「玉篇」の後に附す。等韻も亦た宋人の作〕。其の実は三代秦漢六朝以来の声韻と糸毫も関わり無し。夫れ経字は須らく反切を用うべき者、字を識らざるの童子に教うる所以也。後世の紐弄・等韻の説の如きは、文士・老儒すら且つ多くは瞀惑《ぼうわく》す。古人は何んぞ苦しんで此の難事を造り、以って童蒙を困しめん哉《や》〔字母の古しえに非ざるを弁ずるは、戴震の「東原集」に詳し〕。近世の学人は毎毎反切を以って微眇に窮め難きの事と為すに因り、故に為に之を浅説す〔或は反切の両音を将って之を合読して声を得る能わざる者は、古韻を暁らざる故耳《のみ》。如《たと》えば「享」字は許庚の反、古しえは許を読むこと滸の如き也。長幼の長は、丁丈の反、射中の中は、丁仲の反、古しえは丁を読むこと争の如き也。徳行の行は、下孟の反。古しえは下を読みて滸と為し、孟を読みて芒と為し、去声、（ゆえに）行を読みて杭と為し、去声也。覇王の王は、於況の反、古しえは於を読むこと汚の如き也。殷監の監は、工暫の反、古しえは監を読むこと淦《かん》の如き也。褻《せつ》は、私列の反、古しえは私を読むこと犀の如き也〕。

（56）顔之推の「顔氏家訓」音辞篇に「夫れ九州の人は、言語が同じからず、生民已来、固より常に然り。春秋が斉言の伝を標し、離騒《りそう》が楚詞の経を目して自《よ》り、此れは蓋し其の較や明らかなるの初め也。後に揚雄有りて方言を著し、其の言は大いに備わる。然し皆な名物の同異を考え、声読の是非を顕さざる也」とある。なお、「書目答問」子部雑家類に「顔氏家訓注七巻、北斉の顔之推。趙曦《ぎ》明《めい》の注。抱経堂本。又た知不足斎本。釈家を兼ぬ」とある。

（57）「経典釈文」叙録に「漢魏より今迄、遺文は見る可きも、或は専ら己意を出だし、或は旧音を祖述し、各おの成心を師とし、制作すること面の如し。加うるに楚夏は声異なり、南北は語殊なり、是非は其の所聞に信せ、軽重は其の所習に因る、を以ってす。後学は鑽仰《さんぎょう》するも、指要を聞くこと罕《まれ》なり」とある。

（58）別のテクストでは、この条の後に「経を読むには宜しく訓詁を明らかにすべし」と題する一条があり、参考にあげておく。

　訓詁なる者は、古言也。今語を以って古語を解するを謂う。此れは字を逐いて解釈する者也。訓なる者は、順也。其の語気に順がいて之を解するを謂う〔或は全句、或は両三字〕。此れは句を逐いて解釈する者也。時俗の講義は何んぞ字を逐い句を逐いて解釈せざらんや。但だ字義は杜撰多く、語意は影響多き耳。

　訓詁には四忌有り。一、文を望みて義を生ず〔古書には多く一字数義の字有り（用に随いて異なる）、仮借字有り（字は此くの如く写《か》くも、却って此の字の解を作さず）、訛脱字有り（強いて解する能わず）。若し詳考を加えざれば、姑《しば》らくは本文に就きて之を串す。此れを望文生義と名づく〕。一、壁に向かいて虚造す〔実字であれ虚字であれ論無く、解説は皆な須らく本有るべし

（六朝以前の書に出る者は、本有りと為す）。若し当然と想うの法を以って之を行わば、則ち依稀仿佛、是に似て非なり。此れを向壁虚造と名づく〕。一、鹵莽滅裂〔古事には自のずと首尾有り（本書に散見し、他書は臆造する能わず）、古礼には自のずと当時の制度有り。古書には自のずと当時の文体有り、亦た本書の義例も有り（凡そ一書には必ず本書の大例・句例・字例有り）。若し意に任せて武断すれば、此れに合して彼れに背く。此れを鹵莽滅裂と名づく〕。一、自からを欺き人を欺く〔凡そ経を解する者は、地名は須らく何地を実指すべし、人名は須らく何人を実指すべし、器物・草木は須らく何の器物・草木を実指すべし。若し函胡敷衍し、但だ地名・人名・器物名・草木名を以って之を了せば、事は既に詳しからず、理は即ち確かならず。此れを自欺欺人と名づく〕」。

之を総べるに、経を解する要訣は、若し能く一字を以って一字を解し、一の虚字をも添えずして、文従字順なる者ならば、必ず合う。若し数虚字を添え、補綴斡旋するを須いて、方めて能く語と成る者ならば、定めて非なり。

(59) 別のテクストでは、ここに「字を識らんと欲し、音を正さんと欲し、訓詁に通ぜんと欲すれば、即ち須らく此の下の両条の工夫を用うべし」という小注がある。

(60) 朱子の「学校貢挙私議」（『晦庵集』巻六十九）に、「聖賢の言は、則ち淵奥爾雅なる有り、以って臆断す可からず。……今之を正さんと欲すれば、諸経の説を討論し、各おの家法を立て、而して皆な注疏を以って主と為すに若《し》くは莫し」とある。

(61) 「十三経注疏」は、「書目答問」経部正経正注類に「十三経注疏、共に四百一十六巻」とあり、その内容は「周易正義十巻」魏の王弼、晋の韓康伯の注、唐の孔穎達等の正義、「尚書正義二十巻」

旧題は漢の孔安国の伝、唐の孔穎達の正義、「毛詩正義七十巻」漢の毛亨伝、鄭玄の箋、唐の孔穎達の正義、「周礼注疏四十二巻」漢の鄭玄の注、唐の賈公彦の疏、「儀礼注疏五十巻」漢の鄭玄の注、唐の賈公彦の疏、「礼記正義六十三巻」漢の鄭玄の注、唐の孔穎達の正義、「春秋左伝正義六十巻」晋の杜預の集解、唐の孔穎達の正義、「春秋公羊伝注疏二十八巻」漢の何休の解詁、唐の徐彦の疏、「春秋穀梁伝注疏二十巻」晋の范寧の集解、唐の楊士勛の疏、「孝経注疏九巻」唐の玄宗の御注、宋の邢昺の疏、「論語注疏二十巻」魏の何晏等の集解、宋の邢昺の疏、「孟子注疏十四巻」漢の趙岐の注、旧題の宋の孫奭の疏、「爾雅注疏十巻」晋の郭璞の注、宋の邢昺の疏、である。

(62)「御纂七経」は、清の康熙帝のもとで李光地らが撰述したもの。「書目答問」経部列朝経注経説経本考証類に「御纂七経、殿本。杭州（浙江書）局本。武昌局本。成都書局本は精ならず。目を後に列す。此れは当に敬遵すること正注と同じなるべし」とあり、その内容は「周易折中二十二巻」「書経伝説彙纂二十一巻」「詩経伝説彙纂二十一巻」「春秋伝説彙纂三十八巻」「周官義疏四十八巻」「儀礼義疏四十八巻」「礼記義疏八十二巻」。

(63)「皇清経解」は、両広総督の阮元が広州に創設した学海堂で、学者たちを招集して編纂させた一大叢書で、道光九年（一八二九）に完成。すべて一百八十三種の著作、一千四百巻。「書目答問」叢書目に「皇清経解、阮元。前書目中は文に便なるを以って学海堂経解、或は阮刻経解と称す」とある。

(64)いわゆる「通志堂経解」で、儒家の経義を闡釈した大型叢書。先秦・唐・宋・元・明の経解一百四十六種を収め、全一千八百六十巻、通志堂の主たる納蘭性徳の編纂で、康熙十九年（一六八

○）通志堂刻本。しかし実は徐乾学の編纂とされる。武英殿版から各地の書店まで版刻を重ねた。乾隆帝はこの叢書を「是の書は諸家を薈萃《わいさい》し、典贍賅博、実に以って六経を表彰するに足る」と評した。葉徳輝の「書林清話」巻九参照。なお、「書目答問」叢書目に「通志堂九経解、納蘭性徳。広州書局重刻」とある。

(65) 呂賢基（?—一八五三）、字は鶴田、諡は文節、安徽旌徳の人。道光十五年の進士。編修を授けられ、給事中に遷り、しばしば時政の得失を論じた。咸豊元年、工部侍郎を授けられる。三年、安徽に赴き団練を設けるも、太平軍が舒城を破ったときに死す。「立誠軒古今体詩」がある。

(66) 姚鼐編の「古文辞類纂」序目に「凡そ文の体類は十三、而して文を為す所以の者は八、曰く神・理・気・味・格・律・声・色。神・理・気・味なる者は、文の精也。格・律・声・色なる者は、文の粗也。然るに苟《いやしく》も其の粗を舎《す》つれば、則ち精なる者も亦た胡《な》んぞ以って寓せんや。学ぶ者の古人におけるや、必ず始めにして其の粗に遇い、中にして其の精に遇い、終わりには則ち其の精なる者を御して其の粗なる者を遺る」とある。

(67) 「史記」太史公自序に「夫れ春秋は、上は三王の道を明らかにし、下は人事の紀を弁じ、嫌疑を別ち、是非を明らかにし、猶予を定め、善を善とし悪を悪とし、賢を賢とし不肖を賤とし、亡国を存し、絶世を継ぎ、弊を補い廃せるを起こし、王道の大なる者也」とある。

(68) 「韓非子」外儲説左上に「客に斉王の為に画く者有り。斉王問いて曰く、「画は、孰れか最も難しき者ぞ」。曰く、「犬馬は最も難し」。「孰れか易き者ぞ」。曰く「鬼魅は最も易し」。夫れ犬馬は人の知る所也。旦暮《たんぼ》前に罄《つ》き、之に類す可からず。故に難し。鬼魅は形無き者なり。前に罄きず。故に易き也」とある。

(69) 別のテクストでは、ここに「経に通ずるは用を致す所以、俗儒の臆測は、此れを執りて彼れを忘る。諸れを世事に施さば、必ず迂謬《うびゅう》敗績に至る。若し古義に通じ、原委を究め、群籍を貫ぬかば、則ち政事・文章、処処に有用なり」という小注がある。

(70) 「綱鑑」は、朱子の「通鑑綱目」の体例にあわせて編写した史書。明の袁黄の「袁了凡綱鑑」、清の呉乗権の「綱鑑易知録」などをいう。記載された時間はもとの「資治通鑑」の何倍もあるが、字数はもとの書の九分の一ほどで、読者としては非常に便利である。

(71) 蘇軾の「又た王痒に答うる書」に「人の精力は、兼収幷取する能わず、但だ其の欲求する所の者を得る爾。故に願わくは学ぶ者は毎次一意を作して之を求めんことを」として、「八面に敵を受け」ても大丈夫な方法を教える。そして南宋の陳鵠の「耆旧続聞」には蘇軾の「漢書」読書法を紹介して、「吾れは嘗つて漢書を読めり。蓋し数過にして初めて之を尽くす。治道・人物・地理・官制・兵法・財貨の類の如きは、一過する毎に専ら一事を求め、数過を待たずして、事事は精覈《せいきょう》なり」とある。

(72) 「書目答問」史部正史類に「遼金元三史国語解四十六巻、乾隆四十六年勅撰。殿本。宋遼金元史の原書の訳語の合わざる者を、殿本の四史は勅を奉じて改正す」とある。

(73) 胡寅（一〇九八―一一五六）、字は明仲、敬称は致堂先生、建寧崇安の人。かれは南宋の初め秦檜と対立し、流された新州で「読史管見」数十万言を著した。

(74) 「荘子因」六巻は、清の林雲銘（一六二八―九七）、字は道昭、福建閩《びん》県の人、の著。近人の銭穆は「此の書も亦た文章家の眼光に就きて荘を解し、俗冗を免れず。而るに頗《すこぶ》る能く真偽を弁じ、上は欧・帰を承け、下は惜抱を開き、亦た荘を治むるの一途也」と評する。

「楚辞灯」四巻も林雲銘の著で、王逸の「楚辞章句」にも朱子の「楚辞集注」にもよらず、独自の道を開き、文義の疎通を重んじて、詮釈訓詁を軽んじた。「管子評注」二十四巻は、明の朱養和の輯訂で、房玄齢の注釈、沈鼎新・朱養純の参評を集める。明の天啓五年、杭州の朱養和の花斎蔵板。

(75) 陶淵明の「劉柴桑に和す」詩に「弱女は男に非ずと雖も、情を慰むるは良《まこ》とに無きに勝る」とある。無いよりはましということ。

(76) 「彙刻書目」は、清の顧修の編。初編は一十巻、のち朱学勤が補って二十巻とした。叢書三百六十種を収録する。著録は簡単で、範囲も広くないが、叢書の目録に子目を附する体例を創立した。嘉慶四年桐川顧氏刻本。

(77) 「品彙」は、あるいは「二十九子品彙釈評」二十巻、江蘇周厚堉家刻本、かもしれない。「秘笈」は、あるいは「宝顔堂秘笈」を指すか。明の陳継儒の輯で、唐・宋・元・明の書二百二十九種を収む。明万暦陳氏刊本。

(78) 「十子全書」は、清の王子興の輯。「老子」「荘子」「荀子」「列子」「管子」「韓非子」「淮南子」「揚子法言」「中説」「鶡冠子」を収める。嘉慶九年姑蘇王氏聚文堂刊本。注中に言及する「荀子」には清の盧文弨・謝墉の校があり、「淮南子」には清の荘逵吉の校がある。

(79) 「秘書廿八種」は、清の汪士漢、字は隠侯の輯。「汲冢周書」「穆天子伝」などを収録。嘉慶十六年刊本。

(80) 別のテクストでは、この条のあとに、「国朝人の文集を読むは、実用の古集に勝る有り」と題して以下の条がつづく。参考にあげよう。

方〔苞〕・全〔祖望〕・杭〔世駿〕・袁〔枚〕・彭〔紹升〕・李〔兆洛〕・包〔世臣〕・曽〔国藩〕の集中には、碑伝志状が多く、当代の掌故・前哲の事実を考う可し。朱〔彝尊〕・盧〔文弨〕・戴〔震〕・銭〔大昕〕・孫〔星衍〕・顧〔広圻〕・阮〔元〕・銭〔泰吉〕の集中には、刻書の序跋が多く、学術の流別・群籍の義例を考う可し。朱〔彝尊〕・銭〔大昕〕・翁〔方綱〕・孫〔星衍〕・武〔億〕・厳〔可均〕・張〔澍〕・洪〔頤煊〕の集中には、金石の跋文が多く、古刻の源流・史伝の差誤を考う可し。此の類は甚はだ多く、以って隅反す可し〔後の両体は、国朝人が之を開き、古集の無き所〕。

（81）「書目答問」集部総集類に「文選李善注六十巻、附校異十巻、胡克家仿宋本。武昌局繙本。広州繙本。葉氏海録軒評注本六十巻も亦た佳し。汲古閣本は較《やや》可《よ》し」とある。

（82）別のテクストでは、この後に以下の一条があり、参考にあげておく。

「文選」の詞句は、「五経」文・詩・古駢体には宜しく、八股には尽とくは相い宜しからず〔時文に「文選」の詞藻を用いるは、止《た》だ題を相《み》て摘用す可く、或は一半句、或は三数字、或は段落、文は其の調を摹《も》す。此の間の生童の試巻は、喜びて「文選」の泛話《はんわ》を塡め、動《やや》もすれば輒《すなわ》ち数十句、幷《けっ》して切合せず。此れは文体に於いて既に乖《はず》れ、亦た試場に於いても碍《がい》有り〕。

（83）別のテクストでは、この後に以下の二条があり、参考にあげておく。

試みに看よ、「選」中の詩文、前人の評論するに、激賞は多く空霊波瀾の処に在り。其の物類を臚《ろ》陳《ちん》し、佶屈聱牙《きっくつごうが》なるに至りては、未だ之を称道する者を聞かず。悟る可し。

「選」学には徴実・課虚の両義有り。典実を考え、訓詁を求め、古書を校す、此れは学の為に計る。高格を摹し、奇采を猟す、此れは文の為に計る。生典・奇句は用う可く、僻字は用う可からず。

(84)「書目答問」集部総集類に「御製唐宋詩醇四十七巻、乾隆十五年内府本。広州重刻本」とあり、唐の李白・杜甫・白居易・韓愈、宋の蘇軾・陸游の詩を収録、また「御選唐宋文醇五十八巻、乾隆三年内府大字本。広州重刻大字本」とあり、唐宋八大家のほかに、李翺・孫樵の文を収録。

(85)いわゆる「五朝詩別裁集」で、清の沈徳潜編の「唐詩別裁集」「明詩別裁集」「国朝別裁集」と、清の張景星・姚培謙・王永祺の編の「宋詩別裁集」「元詩別裁集」(原名はそれぞれ「百一鈔」)をいう。

(86)講章とは、科挙文の学習や経筵での進講のために編写された五経・四書の講義。

(87)兎園冊子とは、唐五代のとき私塾で学童に教えるための教科書。その内容は浮薄で、一般の士大夫には軽視されていた。のちには読書量の少ない者が秘籍として奉じる浮薄な書籍をいう。

(88)なお、別テクストでは、この後に「書を読むにはまず書を校するのがよい」と題する一条があり、参考にあげておく。

校なる者は、善本を以って俗本と対勘し、其の訛脱を正す也。異同の間、常に妙悟を得たり。且つ校過すること一次にして、繁雑なる処も亦た記得し易し。但し校せし後は宜しく読むべし。若し校して読まざれば、便《すなわ》ち笑柄と成らん。

魏の邢子才は云う、「誤書に之を思わば、恒に是れ一適。若し思いて得ざれば、則ち亦た書を読むを労さず」と。此れは一時の興到の語にして、以って訓とす可からず。必ず子才の博学殊資の如くして、始めて思いて之を得るの理有り。若し浅学にして古書を読まば、誤らざるも尚お尽くは解する能わず。況や既に誤りて能く億知せん耶《や》。

(89)「書目答問」史部譜録類に「四庫全書総目提要二百巻、乾隆四十七年勅撰。殿版大字本。杭州小字本。広州小字本」とある。

(90)同上に「四庫簡明目録二十巻、同上（乾隆四十七年勅撰）。繙閲《はんえつ》は較や便なり。惟だ四庫の存目に帰する者は、簡明目録には之無く、亦た間ま提要と合わざる者有り」とある。

(91)なお、別テクストでは、この後に「読書は博を貴とび精を貴とび、尤も通を貴とぶ」と題する一条があり、参考にあげておく。

六芸を該貫し、百家を斟酌し、既に少見して多怪することあらず、亦た今を非として古に泥《なず》むこともあらず、善に従い瑕を棄つ、是れを之れ通と謂う。若し夫れ一家に偏袒《へんたん》し、此れを得て彼れを失わば、所謂る丹を是とし素を非とする、一孔の論なる者也。然らば必ず先に博を求むれば、則ち臆説俗見を以って通と為すに至らず。先に精を求むを須《もち》いれば、則ち混乱無主を以って通と為すに至らず。博ならず精ならざれば、通の字は言い難し。初学は慎んで借口する勿かれ。

国朝の学人にして博を極めし者は、黄宗羲・毛奇齢・朱彝尊・兪正燮。精を極めし者は、閻若璩・戴震。博を極めて又た精を極めし者は、顧炎武・銭大昕。博を極め精を極めて又た通を極めし者は、紀昀・阮元。経学訓詁にして通を極めし者は、王氏父子〔念孫・引之〕。

(92)別テクストでは、ここに「広雅」を付け加える。「広雅」は「書目答問」経部小学類に「広雅疏証十巻、王念孫疏証」とある。

(93)いわゆる「書帕本」。明代の官吏は外地に赴任する、または旨を奉じて都に帰ると、恒例として一書一帕を贈呈した。この種の本を書帕本という。この手の官吏が刻印した本は、校勘が精ならず、やたらと删改を加え、蔵書家に軽んぜられた。

(94)「礼記」喪服小記篇に「別子を祖と為し、別を継ぐを宗と為し、禰《でい》を継ぐを小宗と為す」とある。別子は天子・諸侯の嫡長子以外のその他の息子をいい、別子はかわりにその上を祖と称し、別子の後裔はその上を宗と称する。また禰、宗廟中に位牌の立つ亡父、を継ぐものを小宗と称する。つまり一祖の下の後裔はいろいろに分かれ、宗はすべての後裔の称なのである。

(95) 漢の司馬相如の「上林の賦」に亡是公の言葉として、「楚は則ち失えり。而して斉も亦た未だ得ると為さず」とある。どちらものにならないことをいう。

(96) 漢の劉向の「別録」は亡逸したが、唐の孔穎達の「礼記注疏」には「別録」にもとづく「楽記」のすべての篇目を記載しており、いまの「礼記」楽記篇十一篇にはない十二篇の中に「竇公第二十三」がある。竇公は漢の盲目の楽人で、「漢書」芸文志に「楽記二十三篇」とあり、「六国の君、魏の文侯が最も好古と為す。孝文の時、其の楽人竇公を得たり。其の書を献ずるに、乃ち周官大宗伯の大司楽章也」とコメントする。

(97)「礼記」楽記篇に「人の生まれて静かなるは、天の性也」とあり、のちの宋の周敦頤の「太極図説」の「聖人は之を定むるに中正仁義を以ってし、而して静を主とし、人の極を立つ」とあるのに先んじる。

(98)「春秋繁露」実性篇に「性なる者は天質の朴也。善なる者は王教の化也」とあり、循天之遭篇に「夫れ徳は和より大なるは莫く、而して道は中より正しきは莫し。中なる者は天地の美の理に達する也。……和なる者は天の正也」、また、「中なる者は天の用也。和なる者は天の功也。天地の道を挙げて和に美なり」とある。

(99) いわゆる北宋の「洛蜀の争」で、程頤を領袖とする洛学派と蘇軾を領袖とする蜀学派が、相国寺で素斎を出すかどうかをきっかけにして、あい争った。
(100) 当時の皇帝哲宗の宰相だった章惇・蔡卞《さいべん》だろう。
(101) 袁伯業は後漢の袁紹。曹丕の「典論」に曹操の言葉として、「長大にして学に勤むる者は、惟だ吾れと袁伯業と耳」とある。明の袁中道の「太保蹇令公に投贈す六首」には「万巻　毎《つね》に袁伯業に同じ、千杯　鄭康成に譲らず」という句がある。
(102) 韓愈の「王秀才を送る序」に「故に学ぶ者は必ず其の道とする所を慎む。楊・墨・老・荘・仏の学に道して、聖人の道に之《ゆ》かんと欲するは、猶お断港絶潢《だんこうぜっこう》を航し、以って海に至るを望むがごとし」とある。
(103) いわゆる「南轅北轍」で、「戦国策」魏策四の「人を大行に見るに、方に北面して其の駕を将《ひき》い、臣に告げて曰く、我れは楚に之かんと欲す、と。臣は曰く、君楚に之くに、将《は》た奚《な》んぞ北面を為すや、と」とあるにもとづく。
(104) 「荘子」逍遥遊篇に肩吾の言葉として「吾れ其の言を驚き怖る。猶お河漢にして極まり無きがごとし」とある。
(105) 朱彝尊、字は錫鬯《せきちょう》、号は竹垞、浙江秀水の人。清末民初の徐珂の編著「清稗類鈔」文学類「徐華隠の読書法」にはいう、「銭文端公陳群は少くして嘗って益を徐華隠に請いて曰《い》わく、「何を以って博なる耶《や》」と。華隠曰く、「古人の文を読むに、其の篇中の最も勝れる処に就きて之を記せば、久しくして乃ち会通す」と。後朱竹垞《のちしゅちくた》に述ぶ。朱曰わく、「華隠の言は是《ぜ》也。世に安《いず》くんぞ過目して一字も遺《わす》れざる者有る耶《や》」と。文端は嘗つて挙げ、以って読書法と為す」。
(106) 冠蓋里は、名臣冠族の故里。「水経注」沔水に「県（宣城）には太山有り、山下には廟有り。

漢末、名士は其の中に居る。刺史二千石卿長数十人、朱軒華蓋は、同に廟下に会す」とある。南朝梁の簡文帝の「韋黄門の園に遊ぶ」詩に「車を息む　冠蓋里、轡を停む　仲長園」とある。

(107)　文昌六星は、斗魁の前にあり、半月の形を成す。星神でもあり、「史記」天官書に「斗魁は匡のごとき六星を戴き、文昌星と曰う。一に上将と曰い、二に次将と曰い、三に貴相と曰い、四に司命と曰い、五に司中と曰い、六に司禄と曰う」とある。それぞれが天下の文運禄籍を掌り、ゆえに古来、士人学子の崇拝を受けてきた。

(108)　「魁」は北斗七星の前四星で、文運を掌る同音の奎星に通じる。「奎壁」は二十八宿の奎宿と壁宿。この二宿は文運を掌ると信じられた。それで文苑にもたとえられる。宋の楼鑰《ろうやく》の「鄭恵叔の江西提挙に司封せらるを送る」詩に「君の名は斗魁に切たり、歩武　霄極に上る。蓬萊　群玉の府、図書は奎壁を照らす」とある。

(109)　「経典釈文」周易の大畜の「多識」には、「字の如し。又た試の音。劉（劉歆父子）は志と作す」とある。

(110)　原文は「謬以千里」。誤りが極端になることで、「漢書」司馬遷伝に「差《たが》うに毫厘を以ってすれば、謬るに千里を以ってす」とある。

(111)　別のテクストでは、ここに「文字の道は、根柢・性霊の一つが闕《か》けても不可なり。根柢有らば則ち雅正、性霊有らば則ち清真。文に性霊無くんば、巻軸詞藻有りと雖も、光采は発せず。文に根柢無くんば、深思苦功有りと雖も、庸俗を脱せず。両者俱に無くんば、文を為すを得ず」という小注がある。

(112)　墨巻は、科挙の用語。郷試・会試のとき、受験者は墨筆で答案を書写し、それを墨巻という。

墨巻は謄録生が朱筆で謄録し、それから試験官に送って評閲を承け、それを朱巻という。宋以後、合格した士人の文章を程文と称した。清代では程文を刻録し、試験官は往々にして題目を按じて一篇を作り、それも程文と称した。そこで刻録した合格答案も墨巻と改称した。

(113)「欽定四書文」は、乾隆元年、方苞が勅を奉じて編選した八股文の選本で、明から清まで、二百七十一名の作家の七百八十三篇の八股文を収める。「四庫全書」に唯一選ばれた八股文の総集でもある。

なお、この「欽定四書文」以下の二十七字は、別のテクストでは「精粋正大なるは、「欽定四書文」に過ぐるもの無し。時文家にして此れを読まざる者は、門外漢也。此れは時文の根柢為り、万にも視て迂談と為す可からず。其の名・大家の専稿も、亦た宜しく探討し、世間の時文を渉猟すべし」とあり、小字の注はない(*)。

(*)この小字の注は、別のテクストでは「時文も亦た険怪を忌む。然るに近人も亦た此の体を能くする者無し。故に必ずしも禁を申せず」とある。

(114)漢の桓譚の「桓子新論」に「揚子雲は賦に工みにして、王君大は兵器に習う。余は二子従り学ばんと欲す。子雲曰わく、「能く千賦を読めば、則ち賦を善くす」と。君大曰わく、「能く千剣を観れば、則ち剣を暁る」と」とある。

(115)別のテクストでは、ここに「文題に経語を割裂するは、令甲の禁ずる所なるも、試場は間ま此れ等の題を出す者有り。試に応ずるには学ばざる能わず。諸生身《み》ずから試官と為るの日には、幸いにも此れを以って発題すること勿かれ」という小注がある。

(116)房稿は、明清の進士が平日に作った八股文の選集。行書は、挙人が作った八股文の選本。

(117) 別のテクストでは、ここに「此の下の三段は性霊と為す。大凡文字に清気霊光有る者は成就し易く、清気霊光無き者は長進し難し」という小注がある。

(118) 出は出題か。題目の原文をすべて点出する。落は落下か。文題下文に落としこむ。

(119) 別のテクストでは、ここに「此の類は近年の場屋にては久しく已に厭棄して用いず。此の間は郷僻にして知らず、尚お時に入る花様と以為《おも》う耳」という小注がある。

(120) 世味から図之まで、別のテクストでは、「問う嘗つて之を観るか。一郷一邑の間、泮に鴞有り、其れ之を格す。万至らざるも、情亦た至る。然りと雖も猶お説有り。我れ儀として之を図る」とある。

(121) 原文は「入口気」。作者の口気が孔子のしゃべるような口気に転入することをいう。つまり「聖人に代わって言を立つ」の意味である。

(122) 「江漢炳霊集」四冊は、張之洞が同治九年、湖北学政の任にあったとき、樊増祥《はんぞうしょう》に命じて選ばせた八股文選集で、湖北各地の状元・探花など名人の佳作を選んでいる。書題の「江漢炳霊」は、左思の「蜀都の賦」の「近くは、則ち江漢炳霊にして、世よ其の英を載す」による。その「同治九年十月既望、翰林院編修、提督湖北学政」の肩書を持つ張氏の叙の末尾にいう、「明の艾南英の文集（『天傭子集』）の自叙（『歴試巻自叙』）は自から「諸生為ること最も久し（二十年）」と謂い、極めて其の時の科条の瑣・袒索《たんさく》（裸にしての異物検査）の酷・暑刻《きこく》の促・寒暑の困踣・坐次の狭陋・風雨の侵擾、恒に其の長を尽くすを得ざるに苦しむ、を道《い》う。故に応試の文は、嘗つて以って賞抜を邀《むか》う可くして以って静観に適う可からざる者有り。然らば則ち応試の其の文を工みにするを求むる、其の難きこと知る可し。其の難きを知り、而して其の貴ぶ可きこと抑そも又た知る可き也」と。

(123) 「韓非子」外儲説篇の語で、立派な箱に入った真珠を見て、箱だけ買い、真珠を返したという意味。物の真価を知らず、つまらぬものを尊ぶたとえ。

(124) 陳咸は、字は子康、沛郡洨県の人。かれは性情が耿直で、多次にわたって皇帝の近臣を指責し、数十回も上書言事した。

(125) 「戦国策」秦策一に「(蘇秦は)乃ち夜書を発し、篋を陳ねること数十、太公「陰符」の謀を得、伏して之を誦し、簡練以って揣摩と為す」とある。

(126) 「孟子」尽心篇下に「士は未だ以って言う可からずして言うは、是れ言を以って之を餂る也。以って言う可くして言わざるは、是れ言を以って之を餂る也。是れ皆な(穴を)穿ち(墻を)踰えるの類也」とある。

(127) 試律詩は、省試詩・州府試詩ともよばれる。唐代の科挙は毎年春に首都長安の尚書省で挙行され、「省試」ともいうが、それゆえ試験に課される格律詩、つまり試律詩も「省試詩」「省題詩」とよばれる。清代では習慣上「試帖詩」という。唐では試律詩は五言六韻だが、清では五言八韻である。これは、詩詞の試験、まず主題を設定し、韻律を限定して一首の詩か詞を作らせる、に対応する。

(128) 「易」繫辞伝上に「天下の賾を極むる者は、卦に存す。天下の動を鼓する者は、辞に存す。化して之を裁するは、変に存す。推して之を行うは、通に存す。神にして之を明らかにするは、其の人に存す」とあり、韓康伯の注に「体神にして之を明らかにするは、象に仮らず。故に其の人に存す」という。

(129)「唐人試律説」は、紀昀が生・甥の輩に試律詩の作法を講授したもので、唐代の試律詩を選評し、乾隆二十四年に成る。弟子の梁章鉅は「河間の紀文達師の「唐人試律説」は、隙《すきま》を批《う》ち窾《あな》に導き(「荘子」養生主篇)、実に金針を人に度すと為すに足る。試律を講ずる者は、須らく先ず此の本を読み、以って格局を定むべし」と評する。

「先に礼楽に進む」は、「論語」先進篇に「先に礼楽に進むは、野人也。後に礼楽に進むは、君子也。如し之を用うれば、則ち吾れは先進に従わん」とある。

このほかに紀昀が晩年、諸孫のために試律詩を講授した「我法集」も注意すべきである。自分の試律詩を手本とし、自分の評論の中で作法を伝授する。

(130)「七家詩」七巻は、清の張熙宇《ちょうきう》、字は玉田、峨眉の人、の評選、張昶《ちょうちょう》、字は午躔《ごてん》、簡州の人、の注釈、同治九年刊行。巻一は、澹香斎《たんこうさい》試帖四十六首、王廷紹、字は善述、号は楷堂、北京大興の人、の著。巻二は、修竹斎試帖五十七首、那清安《なせいあん》、字は慎修、葉赫納喇《えほなら》氏、満洲正白旗の人、の著。巻三は、尚絅堂試帖四十四首、劉嗣綰、字は醇甫、号は芙初、江蘇陽湖の人、の著。巻四は、檉花館《ていかかん》試帖三十九首、路徳、字は閏生、または潤生、陝西盩厔《ちゅうちつ》県の人、の著。巻五は、桐雲閣試帖五十一首、楊庚、字は少白、江安の人、の著。巻六は、簡学斎試帖四十首、陳沆、字は秋舫、湖北蘄水の人、の著。巻七は、西漚《せいおう》試帖六十四首、李惺、字は伯子、四川墊江の人、の著。

(131)館閣詩は、館閣(翰林院)の文臣の間で流行したスタイルの詩で、王朝の盛明をことほぐ内容である。その特徴は、一、詩題は、古人の詩句や古文中の名句をもとに付ける、二、詩句は考究し、古人の経典を離れず、字句はすべて出処がある、三、格律は厳整で、風格は典雅、意趣は超逸しているようだが、平庸で不自然なものが多い。なお、阮学浩・阮学濬兄弟の編になる「本朝館閣詩」二十二巻、乾隆二十三年刊、が参考になる。

(132) 別のテクストでは、ここに「近二三十年中の館閣人の作る所を謂う。或は専集、或は選本、「同館詩抄」の類の如し」という小注がある。

(133) 破題は、科挙の詩賦の起首のところで、何句かを使い題目の要義を説破しなければならない。それを破題という。

(134) 律賦は、唐代からはじまり、その特徴は、対偶が工みで、音韻が調和し、題旨にぴたり合うことに帰する。唐代の科挙で科目とされたのは、この賦であり、とくに押韻には厳格な規程がある。唐の李程の律賦「日五色の賦」の破題たる「徳は天鑑を動かし、祥は日華を開く」は評判になった。

(135) 「梅花の賦」は、南宋の舒邦佐に「広平の梅花賦を読む」詩があり、陸游の「六言雑興九首」にも「広平は梅花賦を作る」の句があり、広平郡開国公になった唐の宰相たる宋璟の作とされる。しかし、この作は宋代ではすでに逸亡していたらしく、宋翔鳳の「過庭録」によれば、いま伝わる「梅花賦」は李綱の「梅花賦」を手直ししたものとする。

(136) 舒元輿は、字は升遠、浙江婺《ぶ》州東陽の人。この作は有名で、唐の大和六年ごろの暮春に作られ、文宗は牡丹を鑑賞したとき、欄干によりかかってこの賦の句を吟誦し、思わず落涙哀悼したという。

(137) 別のテクストでは、この後に「抒〔仄、平無し〕、茗〔仄、平無し〕、跳〔平、仄無し〕、裨〔平、仄無し〕、酩酊〔仄、平無し〕」の一行がある。

(138) 宋の文及翁の「賀新郎・西湖」詞に「洛陽の花世界を回首すれば、煙は渺たり黍離の地」とあり、そのもとは「華厳経」に「仏土には五色の蓮が生じ、一花は一世界、一葉は一如来」とある。

（139）「小学集注」六巻は、凡例を朱子が、編次を弟子の劉清之が担当し、宋の淳熙十四年に成った「小学書」に、明の陳造、清の高愈がそれぞれ集注したもので、内篇は立教・明倫・敬身・稽古の四門、外篇は嘉言・善行の二門に分かれる。児童に向けて孔・孟の道や倫理道徳を説く、儒学啓蒙教育の教材である。

（140）「梁書」劉顕伝に「（劉は）母の憂に丁《あた》り、服闋《おわ》るや、尚書令の沈約は駕を命じて造《いた》る。坐において顕に経史十事を策す。顕は其の九を対《こた》う。約曰く、「老夫は昏忘にして、策を受くる可からず。然りと雖も、聊か数事を試みん。十に至る可からざる也」顕は其の五を問い、約は其の二を対う。陸垂は之を聞き、嘆じて曰く、「劉郎は差人と謂う可し。吾が家の平原（陸機）が張壮武（張華）に詣り、王粲が伯喈（蔡邕）に謁せしと雖も、必ず此の対えは無からん」と」。

（141）「漢書」朱買臣伝に「是の時、方に朔方を築かんとす。公孫弘は諫め、以って中国を罷弊せんと為す。上は買臣をして弘を難詘《なんちゅつ》せしむ。……論に曰く、……朱買臣は公孫弘に十策を難じ、弘は其の一も得ず」とある。

（142）別のテクストでは、ここに「凡そ欽定・御纂の諸書は、皆な先朝の編撰にて、近三十年来、幷《けつ》して編輯の書無し。場内の策尾に多く好んで此の類の書を引用し、竟に以って之を属し、今日謬ること極まれり。此れを以って事を誤る者は多し」という小注がある。

（143）別のテクストでは、ここに「漢・魏・六朝・唐・宋・元・明は、升降・厚薄の判有りと雖も、然るも自《お》のずと各おの佳処有り。其の性の近き所に随い、己《おのれ》を是とし人を非とするを必せず」という小注がある。

（144）清初の王士禛《おうししん》、字は貽上《いじょう》、号は阮亭、漁洋山人、謚は文簡、山東新城の人、が「漁洋詩話」などで唱えた「神韻説」とは、南宋の厳羽の「妙悟」「興趣」の説と唐の司空図の「味は酸鹹の外に在り」の理論を継承し、「一字を著《つ》けずして、尽《ことごと》く風流を得たり」を最高の境界とするものである〔事有りの一条は、とりわけ切要であり、とくに標出する〕。

(145) 格律詩（五律・七律・五絶・七絶）には平仄が常格にはずれる句があり、拗句とよばれる。格律詩では拗句が出現すると、一定の方式で補救するが、それを拗救という。拗救の方法には本句自救（三拗四救など）と対句相救（孤平相救など）の二種がある。

(146) 別のテクストでは、この条の後に「誤りて通韻を押すを忌め」と題する一条があり、参考にあげておく。

古体詩は通韻を押す可し〔律・絶の外は、皆な古体と為す〕。但し俗本の詩韻は、動《やや》もすれば「古しえは某に通ず、古しえは某の転ず」と曰い、強いて両門に分くるも、已にして無理と為す。且つ所謂る通なる者は、幷《けっ》して拠る可からず〔大略は宋の呉棫《ごいき》の「韻補」に本づき、或は近人の柴紹炳《さいしょうへい》・邵長蘅《しょうちょうこう》の説に雑拠す〕。今日古詩を作る者は、官韻を専守し、通韻を用いざるを以って合法と為すは、何んぞ也《や》。今の本韻は、即ち古しえの通韻也〔六朝より唐に至るを謂う〕。「広韻」は本もと二百六部〔此れは最古の韻書為りて、隋人の原撰、唐・宋人の修〕、各おの同用・独用と注し〔韻が狭く、士を試すに不便なるを以って、唐の許敬宗は同用を定むるよう奏す〕、宋・金・元の人の四次の幷省を経て、今合して一百六部と為す〔宋の丁度等の「集韻」は十三部を省去し、金の韓道昭の「五音集韻」は幷せて一百六十部と為し、劉淵の「平水韻」は又た幷せて一百七部と為し、元の陰時夫の「韻府群玉」は又た幷せて一百六部と為す、即ち今の官韻なり〕。故に今日の一韻中、已に古人の数韻を兼ぬ〔凡そ同用なる者は、已に幷せて一韻と為す、冬は中を兼ね、支は脂・之を兼ね、虞は模を兼ぬる類の如し」。「唐韻」の分析精密に如《し》かずと雖も、声類清濁は尚お大いには遠からず。若し再《さら》に推広せば、必ず歧誤を致す。諸家の異説は、初学は猝《にわ》かには折中し難し。必ず須らく小学を講求し、顧炎武の「音学五書」・江永の「古韻標準」・段玉裁の「六書音韻表」・苗夔《びょうき》の「説文声読表」を読過して、方《はじ》めて能く源流を貫徹し、通じて濫ならず〔顧・江は尤も要なり。銭竹汀の「十駕斎養新録」に拠れば、平水韻は乃ち金の王文郁の撰する所なり、即ち幷せて一百六部と為し、今韻と同じい。他証無きを以って、前注は姑らく旧説に仍る〕。

如《も》し必ず之を通ぜんと欲すれば、稍や隘《せま》く・稍や厳しくするに如《し》く莫く、尚お大誤無からん。東と冬の如《ごと》く、支と微の如く、魚と虞の如く、佳と灰の如く、真と文の如く、寒と刪の如く、蕭と肴の如く、庚と青の如く、塩と咸の如き、此の類は皆な今読の声音と相い近くして、今韻の部分に相い聯なる者、通押しても害無し。上（声）去（声）は此れに準ず〔通ず可き者は此れに止まらず、説は後に見ゆ〕。

入声の部分は、糾葛《きゅうかつ》して明らかにし難きも、姑《しば》らくは其の略を言わん、屋・沃・覚〔通〕、質〔独〕、物・月〔通〕、曷・黠〔通〕、屑〔独。屑は亦た半ば質に通ずるも、初学は細剖し難きを恐るるに因り、質をして独用せしむるを較や妥とす〕、薬〔独〕、陌・錫〔通〕、職〔独〕、緝〔独〕、合・葉・洽〔通〕。此れは顧・江・段・苗の四家の説を参用す。

決して通ず可からざる者有り、江と陽の如き也、真・文と庚・青・蒸・侵也、庚・青と蒸・侵也、蒸と庚・青・侵也、元・寒・刪・先と覃・塩・咸也。此の類は俗読にして近きに似たるも、正音は迥《はる》かに別なり。即《たと》使え前人が偶たま一たび之有るとも、或は是れ方音、或は本もと韻に非ず、或は是れ錯誤にして、皆な借口す可からず。如し通じて濫ならずの理を求めんと欲すれば、半ば歌須らく通韻に半部全部の別有るを知るべし〔今本の支韻は、半ば微・斉・佳・灰に通じ、半ば歌に通ず。虞は半ば魚に通じ、半ば尤に通ず。元は半ば真・文に通じ、半ば寒・刪・先に通ず。先は半ば真・文に通じ、半ば元・寒・刪に通ず。歌は少半は麻に通じ、大半は支に通ず。麻は少半は歌に通じ、大半は魚に通ず。庚は半ば陽に通じ、半ば青に通じ、数字の蒸に通ずる有り。尤は半ば蕭・肴・豪に通じ、半ば虞に通じ、数字の支に通ずる有り。覃は半ば侵に通じ、半ば塩・咸に通ず〕。此れは経伝子史の韻語、唐以前の詩文謡諺に就き推験して得たり。此れは今韻中に古韻の両三部を并有して内に在るに由り、故に一韻の声は尽とくは同類ならず〔如《たと》えば元・魂・痕の三部は今并せて十三元と為し、灰・咍は今并せて十灰と為し、本韻に就きて之を読めば、已に調叶する能わず。故に元は寒・刪・先に通ず可きも、魂・痕は通じ得ざる也。余は此れに仿《なら》う〕。初学は如し未だ嘗つて「説文」に通じ、「広韻」を看ることとせざれば、何に従りてか此の一韻中の字の、孰《いず》れか某に通ずる可く、孰れか通ず可からざるを弁析せん耶《や》〔「説文」「広韻」及び顧・江・段・苗の書を読まば、則ち自から能く之を弁析す。若し徒らに唐・宋人の集中に向《お》いて、其の孰れか通じ孰れか否かを求め、以って準式と為すならば、皆な茫昧拘墟《ぼうまいこうきょ》の論にして、所謂る銖銖にして権、寸寸にして度、之を推さば必ず差う者也〕。

以上は今日の古体詩を作るが為に之を言う也〔今の五言古は乃ち六朝以後の体、七言古は乃ち唐人の七言歌行の体〕。若し漢人の五言詩・古楽府・古賦を作り学び〔此れは著作の古賦を謂い、試場の古賦には非ず〕、騒・碑・銘・賛・頌の属を擬せんとすれば、則ち又た宜しく古韻を知るべし〔上古より秦漢に至るの韻を謂う〕。「広韻」は尚お未だ尽くさざる也。漢以前は韻書無しと雖も、而るも韻証有り。即ち前に所謂る経伝子史を取り推験して得たる者は、確かに部の分有り、但し「広韻」に較ぶれば則ち寛し。顧・江・段・苗諸家は之を説くこと已に詳しく、凡そ漢以前の有韻の文を模擬するには、宜しく之を知るべし〔宜しく古韻を用いて、方めて格に入ると為し、且つさらに妍雅なるを覚ゆ〕。往往にして古韻では部を同じうするも、今読は音を殊にし、今日の古体詩を作るに、之を押すも叶《かな》わず、仍《な》お用いる可からず。蓋し音には古今有り、古人に在りて之を読むは本より是れ一韻、故に之を詩歌に用う可し〔即ち如えば「詩経」には自《おの》ずから本音有り、如し古音を以って之を読まば、自《お》のずと一韻を成し、弁《けつ》して強叶に非ず。叶音の説は、梁の沈重自り始む〕。今語音は既に変じ、詩格も亦た殊なる。若し之を強用すれば、豈に能く調を成さんや。徒らに俗を駭《おどろ》かすを致す。名は古しえを好むと雖も、実は通人に非ざる也〔東と江、支と灰と歌、魚と麻、虞と尤、真と先、蕭と尤、歌と麻、陽と庚、侵と覃の如きは、皆な古しえは部を同じうするも、今は音を異にす〕。古今の音変は、大率は漢魏以前は三代と相い近く、六朝以後は今音と多く同じく、此れは一大界限也〔此れは大略を言うにて、再に之を区分せん。秦以前は漢と同じからず、初唐以前は中唐より今に至ると同じからず。「経典釈文」「説文」「玉篇」「広韻」「漢書」「文選」の反切を看れば自《お》のずと明らかなり〕。唐に官韻有りて自《よ》り、字音は今に至るまで、遂に大きくは変更せず〔清濁発斂も、亦た同じからざるは微《わずか》なり〕。

古韻を知るは、僅かに詞章の用を為すのみには非ざる也。乃ち小学・経学の事也。古音を知らば、則ち古音を得〔古人が多く此の数字を以って聯用して韻語と為すを看れば、古しえは読声が相い近きを知る可く、即ち此れを以って此の字の古音を定む可し〕。古音を知らば、則ち古義を悟る。大抵先秦にて字を制するに、義は声由り出づ〔義の声より生ずる者は十の八九、仮借に至りては、純に是れ声同の字」。漢人の経を詁するに、声は多く義を兼ぬ〔如し音読は某字の声に従わば、則ち訓詁は必ず某字の義に近し」。此れは六書諧声の指《むね》、漢学訓詁の要にして、韻書が小学家に列入する所以の者は、職《まこ》とに是の故也〔「韻府群玉」の類の若きは、則ち止だ之を詩韻と謂う可く、之を類書と謂う可きのみ、韻学とは関わり無し」。

音を審らかにし韻を弁ず、其の要は両語に過ぎず、一に曰く、声類相い従うの字を以って別と為す〔此の両三韻中の字を看るに、偏旁が多く同じければ、音は必ず相い近く、即ち通押す可し、如えば東の烘・蓬、冬の供・縫、寒の檀・残、先の膻・箋は、皆な半体相同の類。蓋し古人は此の字を制せし時、其の音は即ち偏旁従りして得たり。此の語は極めて浅くして極めて確か、乃ち韻書の本原也。但し今韻は合并混淆せしゆえ、須らく通ず可からざるの半韻を将《も》って之を剔出すべき耳。如えば偏旁は同じと雖も今読の近からざる者は、乃ち古今音が逓転逓変し、古人は仍お同読同押せし也。如えば支の儀・陂、歌の俄・波、虞の愉・枢、尤の偸・謳は、今は声を異にするも、古しえは同読なり」。一に曰く、経伝子史の韻語を以って証と為す。大率《おおむね》は今韻は「広韻」より寛く、而して古韻より狭し。若し「広韻」を以って古韻を求むれば、只だ分くるを必せずして分け、過厳に偏る者有るのみ、応に合わすべからずして合わせ、之を過濫に失する者は断じて無し〔数韻が実は是れ一類なる者有るも、一韻にして隔類を雑《まじ》うる者は無し」。若し今韻を以って古韻を求むれば、則ち通ず可き者有り、当に析《わか》つべき者有り〔東・江・寒・删の如きは、古音は本もと通ず。支部・虞部・灰部・先部の如きは、此の一韻中の字を、古人は却って分けて両三韻と為し、幷《けっ》して一類と為して読まず」、「広韻」を見ざれば、古韻を講ずるに従《よ》し無き也。古韻を知らざれば、「詩経」「易象」、先秦両漢の書を読む能わざる也。

(147) 別のテクストでは、この後に「好んで韻に歩すを忌め」と題する一条があり、参考にあげておく。

宋人は此の風最も盛んにして、今人も亦た然り。此れは韻を作るにして、詩を作るには非ざる也。即使《たと》え名家が之を為すも、亦た好詩無し〔止だ一たび試場に用い、此の体に限る有らば、以って腹笥《ふくし》の心思を覘《うかが》い、旧を襲うを避ける可き耳〕。

(148) 明の何景明、字は仲黙、号は大復山人、河南信陽の人、を筆頭とする、前七子（何のほかは、李夢陽・徐禎卿・辺貢・康海・王九思・王廷相）だろう。かれらは「文は必ず秦漢、詩は必ず盛唐」をスローガンとし、宋代以後は問題にしなかった。たとえば、何の「李空同（夢陽）に与え詩を論ずる書」（「大復集」巻三十二）には「愚や近詩は盛唐を以って尚と為す。宋人は蒼老に似て、実は疎鹵、元人は秀峻に似て、実は浅俗。今僕の詩は元の習を免れず。而して空同の近作は間《ま》ま宋に入る。僕は固より蹇劣《けんれつ》なり。何ぞ敢えて自から古人に列ばんや」とある。なお、「書目答問」集部別集類には「大復集」三十八巻、「空同集」六十六巻を記載する。

(149) 別のテクストは、この後に「狎褻を忌め、亦た迂腐も忌め」と題する一条があり、参考にあげておく。

一は「玉台（新詠）」の流失為り、一は「撃壌（集）」の頽波《たいは》為り。左右の佩剣、其の失は相い等し。

(150) 別のテクストでは、ここに「生硬は猶お陳熟に愈《まさ》れり」という小注がある。

(151) 別のテクストでは、ここに「離合の格、回文体、全平全仄、人名、薬名の類の如きは、尤も悪道と為す」という小注がある。

(152) 「旧唐書」李賀伝には「其の文思体勢は、崇岩峭壁《すうがんしょうへき》の、万仞崛起《ばんじんくつき》するが如く、当時の文士は従いて之に効《なら》うも、能く彷彿たる者無し」とあり、「新唐書」李賀伝には「辞は奇詭を尚び、得る所は皆な警邁《けいまい》、翰墨の畦径《けいけい》を絶去し、当時能く効う者無し」とある。

(153) 南宋の計有功の編になる「唐詩紀事」八十一巻の巻四十、賈島の条には「詩を能くす。独り格を変じて僻に入り、元（稹）白（居易）より矯艶なるに似たり」などとある。

(154) 宋の張耒《ちょうらい》の「梁父吟」には「堂堂たる八陣は竟《つい》に何為れぞや、長安は見ず　漢の官儀を」とあり、これとは逆である。

(155) 実際の宣城は長江に臨んでいないが、唐の李白の「秋に宣城の謝朓北楼に登る」詩には「江城は画《が》裏《り》の如く、山は晩《く》れて晴空を望む」とある。

(156) 明末の鍾惺、字は伯敬、号は退谷、と譚元春、字は友夏、号は鵠湾。この二人はどちらも湖広竟陵の人なので、竟陵派とよばれる。かれらは、「詩は必ず盛唐」の復古主義をかかげた前後「七子」を否定する袁宏道ら公安派の性霊の主張を受け継ぎ、「幽深孤峭」の風格を求めた。かれらの共編選になる代表作「詩帰」の序で、鍾は「古人の真詩の所在を求む。真詩なる者は、精神の為す所也」と述べ、譚は「夫れ真に性霊有るの言は、常に紙上に浮出し、決して衆言と伍せず」と述べる。

(157) 「近人」は、清中期の袁枚《えんばい》、字は子才、号は簡斎、随園先生、浙江銭塘の人。かれは、同時の趙翼・張問陶らとともに性霊派とよばれる。かれらは、唐詩による復古模擬の風気に反対して、宋詩を推称し、直接人の性情を発出し、真実の情感を表現することを主張した。袁の「随園詩話」には「詩なる者は、人の性情也」「凡そ詩の伝わる者は、都て是れ性霊にして、堆垛に関せず」「詩は其の真を難しとする也。性情有りて後嘉なり」などとある。

(158) 別のテクストでは、「自から誉め人を誉むるを忌め」と題し、以下の文からはじまる。酬応詩は、公卿を誉むるに必ず韓（琦）・范（仲淹）と曰い、守令には必ず龔（遂）・黄（覇）と曰い、将帥には必ず衛（青）・霍（去病）と曰い、詩は則ち李（白）・杜（甫）、文は則ち韓（愈）・蘇（軾）の類の如し。受くる者は茲に愧《は》じ、作る者は言を失す。懐《おも》いを述べ自《みず》から叙するに、杜詩に借口し、自からを稷《しょく》・契《せつ》に比するの語に至りては、口に信《まか》せて誇誕《こたん》し、尤も悪習為り。

(159) 清末の王国維の「人間詞話」第二十二条に「古今詞人の格調の高きこと、白石（宋の姜夔《きょうき》）に如《し》く無し。惜しいかな、意境の上に力を用いず、故に言外の味・弦外の音無く、終に第二手に落つるを覚ゆ」とある。

(160) 別のテクストでは、ここに以下の小注がある。
散文は虚字多きことを忌み、長句多きことを忌み、一定の間架を忌み、首段に冒子を装うことを忌み、腐語を忌む。駢文は合掌を忌み、砕狭浮艶《すいきょうふえん》の語を忌み、太《はな》はだ熟せるを忌み、尤も太はだ生なるを忌み、軽剽なるを忌み、亦た鬱石《うっせき》なるを忌む。駢・散の通忌は時文調と曰う。

(161) 方（同上に「望渓文集十八巻、集外文十巻、補遺二巻、年譜二巻」がある）・姚（同上に「惜抱軒文集十六巻、後集十巻、詩十巻」がある）のほかに「四祖」とされる戴名世・劉大櫆《りゅうたいかい》（同上に「海峯文集　巻」がある）も安徽桐城の人だったので、こう名づける。その古文の主張は、義理（内容合理）・考拠（材料確切）・詞章（文詞精美）の三者をすべて備えるというものである。

(162) 「帰方評点史記合筆」六巻は、清の王拯、字は定甫、号は少鶴、広西馬平の人、桐城派古文広西五家の一人でもある、の著。帰有光・方苞二人の「史記」につけた圏点・評論・注疏・考拠を総合し、自己の「史記」にたいする研究心得を提出する。はじめは私家刊本だったが、光緒元年十二月、四川総督呉棠が望三益斎重刻本を出した。

(163) 九宮法は、習字の方法で、大きく方眼の罫線を引き、その中を九格（縦三格横三格）に分かち、そこに法帖の手本に照らして一字を書き入れる。唐の書家欧陽詢の「九成宮《きゅうせいきゅう》醴泉銘《れいせんめい》」を手本とするところからはじまったといわれる。

(164) 別のテクストでは、ここに「国朝の汪中・張恵言・阮元・董士錫の諸家は、駢・散を合して一体と為し、実に高義雅言為《た》り」という小注がある。

(165) 「康熙字典」四十二巻で、総纂官張玉書・陳廷敬の主宰のもと、明の梅膺祚の「字彙」・張自烈の「正字通」両書を基礎として増訂し、部首分類により、筆画に応じて単字を配列し、十二集に分ける。すべて四万七千三十五字を収録。康熙五十五年に完成。

(166) 院体は、唐の貞元中、翰林学士の呉通微が王羲之の書を学び、行草に巧みで、その体は隷書に近く、翰林院中はみなその体にならい、世に流行したので、院体とよばれる。のち、北宋の徽宗が書院と画院を並置すると、書院では常用文字として王の「聖教序」を学ばせ、個性がなく、常識的で、安易卑俗な体となった。これを書院体、略して院体という。

(167) 原文は「因文見道」。この句は韓愈の文集には見えず、明清の文献中で韓愈の文・道の関係を論じるときに評価として頻出する。なお、韓愈の「原道」一文はこの意味を敷衍する。

(168) 別のテクストでは、ここに「昨、書院諸生の篆書を見るに、多くは筆法を解せず、形は枯荄《こがい》の若し。此の事は須らく秦漢の碑刻に臨むべし。碑は得易からざれば、近人の鄧石如の篆書・法帖・屏幅も亦た可なり。川・楚は皆な摹刻售売《しゅうばい》する者有り」という小注がある。

(169) 蘇軾の「王逸少（王羲之）の帖に題す」る詩に「顚張・酔素　両禿翁、世好を追逐し書工と称さる。何ぞ曽つて夢に王（羲之）と鍾（繇）を見しか、妄りに自から粉飾し盲聾を欺く。市娼の青紅を抹し、妖歌嫚舞 児童を眩ますが如き有り」とある。

(170) 避諱字は、君父尊親の名前を回避するために改めるべき字で、君主の名前を避けることは秦の始皇帝から始まったという。その方法は、一、同義字か義の近い字で代替する。「邦」を「国」にするなど。二、同音字や音の近い字で代替する。張孟談を張孟同にするなど。三、字の筆画を欠く。唐の太宗李世民の「世」を「卋」と書く（中間の「L」を欠く）など。四、拆字。字の一部分を取り、原字を避ける。敬という姓を文という姓にするなど。五、刪字。二字名でその一字が諱を犯していれば、その字を刪り一字名にする。蕭道淵を蕭淵にするなど。六、形の似る字で代替する。郭彦威を郭彦成にするなど。七、改読。孔子の名は「丘」なので、読書人は「丘」を「某」mou と読んだ。八、偏旁を増やし、新字を作る。孔子の諱を避けるため、およそ「丘」を地名や姓氏とするものは、一律に「邱」qi に改めた。

(171) 学究語は、科挙用語ということ。「学究」は、唐代の科挙で、明経科に「学は一経を究む」という科目があった。宋代ではそれを「学究」と称し、礼部貢挙十科の一つだった。

(172) 默経は、儒家の経典を默写し解釈することで、試験の一科目。問題は「四書」「五経」から出、さらには前朝当代の大儒の注釈も加わる。唐代の科挙は明経科・進士科などだったが、試験には詩詞・默経・策論・算数などがあった。宋代では、默経・策論・詩詞が各三分の一で、默経を見てから詩詞を見、最後に策論を見る。明清では、八股文の作成と十三経の解釈が中心となる。

(173) 「唐詩三百首」八巻は、清の孫洙、字は臨西、号は蘅塘《こうとう》退士、江蘇無錫の人、の編選で、童蒙のための家塾課本。七十七家の唐詩三百十首を選び、五七言古詩・五七言律詩・五七言絶句・楽府の詩体に分けて編排する。乾隆二十九年に成る。

(174)「古詩源」十四巻は、清の沈徳潜、字は確士、号は帰愚、江蘇蘇州の人、の編選で、先秦から隋代までの古詩七百首余りを選ぶ。その理念については「詩は有唐に至りて盛んを極む。然るも詩の盛は詩の源には非ざる也」「古詩は又た唐人の発源也」という。

(175)「古唐詩合解」十六巻は、清の王堯衢、字は翼雲、江蘇蘇州の人、の箋注。古詩は四巻、唐詩は十二巻、雍正十年、恒徳堂刊本。

(176)別のテクストでは、ここに「「古文翼」、古文の善本、郷僻にては得難し。此の本は高下咸《み》な宜《よろ》し。川省の坊間に多く有り」という小注がある。「古文翼」八巻は、清の唐徳宜編。同治十二年常熟黄氏芸文堂刊本。

(177)この一条、別のテクストでは「時文は近時の浅陋なる考巻・糊塗たる墨巻を読む可からず」と題し、「明文は必らず宜しく「八銘」「仁在堂時文」「制芸約選」「考巻約選」「百篇彙選」「制芸霊枢」を択読すべく、皆な好し。末の両篇は川省に版有り」という小注をつける。なお、「百篇彙選」「制芸霊枢」、いずれも未詳。

(178)圜丘は、明清両朝の皇帝が天を祭る壇で、正陽門外の東偏に位置する。明の永楽十八年に建てられ、もとは天地合祭だった。嘉靖九年、合祭を分祭とし、この地に圜丘を建て、四年後天壇と称する。清代の朝廷祭祀は大祀・中祀・群祀の三等級で、圜丘は大祀の首にある。毎年冬至の日に皇帝が祭祀し、清代で最も隆重な儀礼である。祭祀のときは、神位を並べ、牲俎をつらね、供器を設けるほかに、神楽署は中和韶楽を演奏し、楽舞もある。

(179)「磨勘条例」は、「欽定磨勘条例」で、郷試の年ごとに礼部が纂輯し、乾隆年間は四巻、各省の督撫・布政使に頒発した。嘉慶年間は、もとの四巻に、続増不分巻を付け加えた。

（180）科挙試験のとき、持ち込みをし、替え玉となり、および答案が式に違う者は、試験場外に追い出され、受験を認められない。これを貼出という。

（181）たとえば五言律詩では、どの句も第二字が仄声なら第四字は平声、第二字が平声なら第四字は仄声を置く。これを「二四不同」という。さらに律詩各句の第二字は仄平平仄仄平平仄、第四字は反対に平仄仄平平仄仄平となり、第一句と第二句といった一組上下二句では平仄が入れ替わるが、第二句と第三句といった偶数句と奇数句では、平仄を同じくしてくっつける。この形式を「粘法」といい、これに外れることを「失粘」という。

（182）科考、つまり科試は、毎次の郷試の前、各省の学政が所属の府州を巡回して行う試験。郷試に参加する生員はこの試験に合格せねばならない。
　歳考、つまり歳試は、学政が毎年、所属の府州県の生員・廩生にたいして行う試験。優劣を分け、賞罰を定める。およそ府州県の生員・増生・廩生は、みな歳考を受けねばならない。

　四川省の科・歳考については、清末の周詢の「蜀海叢談」によれば、試験は成都府からはじまり、成都府所轄の十六州県のほかに、「龍安府の四属、資州の五属、叙永庁の両属、曁《およ》び松潘・理番・懋功の三直隷庁、共に十六処も亦た成都に来て考に就く。故に成都府に考する時、内十六属・外十六属の称有り。又た寧遠府・西陽州は、地方辺遠に因り、（学政は）毎三年に只だ一次按臨するのみ、歳考を科考時に帰并して挙行す」という。

（183）「欽定礼部則例」二百二巻は、満洲鑲紅旗人の特登額の主纂で、道光二十四年刊印。礼部の工作条例で、儀制・祠祭・主客・精膳の四清吏司に分かれる。そしてこの巻九十六「儀制清吏司」

の「郷会試磨勘条例」〔歳科考前列試巻磨勘条例を附載する〕には、ここの科歳考の条文が掲載され、また上の郷会試と同様の条文もある。

「欽定科場条例」六十巻は、礼部の纂輯で、咸豊二年刊印。やはり郷試の年ごとに編纂され、各省の督撫・布政使に頒発した。順治年間からはじまり、乾隆年刊は、五十四巻。巻十七「郷会試芸」、巻十八「試巻」などが関係するだろう。

(184) 原文は「増附」。明清では生員はみな月廩があり、かつ定員が決まっていて、廩膳生員とよび、廩生と略称する。これについては、前出「行を語る第一」を参照。のちこの正式な定員の外に、定員を増やすことになり、増広生員と称し、増生と略称した。かれらは月米がなく、地位は廩生に次ぐ。

さらに、明清では、廩膳・増広の生員の外に取った府州県学の生員があり、廩生・増生の後に附すので、附学生員と称し、附生と略称する。

(185) 別のテクストでは、「「慎始基斎叢書」自り録す」という按語がある。この叢書は、沔陽の盧弼が光緒二十三年ごろに刊行したもので、収録する十一種のうちに張之洞の「輶軒語」「書目答問」「四川省城尊経書院記」の三種がある。この「第七」は、あるいはこの叢書ではじめて加えられたのかもしれない。なお、「皇朝経世文続編」巻六十五、礼制五、学校下にも「勧置学田説」として収める。

(186) 原文は「衆済人悦」。ここは「孟子」尽心篇下の「之を非するも挙無き也。之を刺するも刺無き也。流俗に同じ、汚世に合わせ、之に居るは忠信に似、之を行うは廉潔に似、衆は皆な之を悦び、自から以って是と為すも、而るに堯舜の道に入るに与る可からず。故に徳の賊と曰う也」がひびいていよう。

(187) 唐の天宝九年、広文館を設け、博士・助教などの職を設け、国学を主持させた。明清では、それで教官を「広文」とよび、「広文先生」ともいう。唐の杜甫の「酔時の歌、広文館学士鄭虔に贈る」詩に「諸公は袞袞として台省に登るに、広文先生　官は独り冷たし。甲第は紛紛として粱肉に厭くに、広文先生　飯足らず」とある。

(188) 諸費「小費」はチップ。「認号」は学籍確認費か。「転案」は、答案をある試験場から他の試験場に移すことか。「補廩」は、生員で歳・科の両試を経て成績優秀な者、増生が順次廩生に升ることができること。「帮増」は、増生に補入すること。「出貢」は、何度受験しても試験に及第しない貢生が、年資に応じて順番に京都に往き、吏部が雑職の小官に選任すること。「挙優」は、教官が優秀な人物を推薦すること。「報丁」は、官報の販売か。「起復」は、父母の喪に服し、期が満ちてから、あらためて学にもどること。「録遺」は、「遺才を録取する」の意味で、およそ生員で科考・録科に参加しながら合格せず、あるいは科考・録科に参加しなかった者が、郷試の前に一度補考を受けられること。

なお、科考の一二等、および三等で初めの十名に入った者は、郷試に参加するが、他の三等の者や故あって科考に参加しなかった秀才および在籍の監生・貢生も、学政が試験を行い、これを録科という。そして録遺に合格した者も、郷試に参加できる。清代では録遺の試験はすべて寛容で、不合格者はほとんどいなかったという。

(189) 三費局は、晩清の四川の財税機構で、道光年間の後期から、四川の各州県の紳士はつぎつぎと三費局を設立し、官府の衙役による人命・盗賊案件発生時の招解・相験・緝補などの支出に対応した。その資金集めの方法は、肉厘（殺豚税）など各自さまざまだったが、これらの資金の経営者は、一律に紳士だった。

(190) 自分に得失があろうとも、受益者は身内であり、他者には及ばないことをいう。「説苑」至公篇に「楚の共王は出猟して其の弓を遺《わす》る。左右は之を求めんことを請う。共王曰く、「止めよ。楚人弓を遺れ、楚人之を得たり。又た何をか求めんや」と」とある。

(191) 黄際飛は、広東文昌県の監生。同治・光緒年間、南川知県の任にあり、「政体は寛弛、平易にして人に近く、最も公益に勤む」（民国二十年「重修南川県志」）と称された。光緒二年の「南川県志」十二巻を編修し、漢儒の尹珍を記念する尹子祠を建てたりした。のち涪州知州に任ぜられ、任地で没した。

(192) 清の科挙で、童生が院試に参加し、初選で有名になった者は、学政がそれから面試を行い、去留を定める。これを招復といい、提復ともいう。

(193) 「史記」孔子世家に「吾れ聞く、富貴なる者は人に送るに財を以ってし、仁人なる者は人に送るに言を以ってす」とある。また、「孔子家語」観周篇に「吾れ聞く、富貴は人に送るに財を以ってし、仁者は人に送るに言を以ってす」とあり、「荀子」大略篇に「嬰之《これ》を聞く、君子は人に贈るに言を以ってし、庶人は人に贈るに財を以ってす」ともある。

「書目答問」略例

(1) たとえば、「漢書」芸文志では、「墨六家、八十六篇」のところに「墨子」七十一篇を記載するが、「兵技巧十三家、百九十九篇」には「「墨子」の重なるを省き、「蹴」を入る也」とある。

試場の積弊を整頓する折

（1）貢監は、明清で国子監に入り勉強する生員をいう。「明史」選挙志一には「諸生にして国学に入る者は、通じて之を監生と謂う。挙人は挙監と曰い、生員は貢監と曰う。……同一の貢監也、しかし歳貢有り、選貢有り、恩貢有り、納貢有り」とある。ここはつまり納貢。

（2）録遺については、「輶軒語」学田を置くことを勧める第七の「諸費」の注（188）を参照。

（3）俊秀は、民生ともいい、庶民で国子監に入ったもの。「明史」選挙志一には「納粟の例を開くに迨《およ》ぶや、則ち流品は漸く淆《まじ》り、且つ庶民も亦た生員の例を援《と》り以って監に入るを得たり、之を民生と謂い、亦た俊秀とも謂う。而して監生は益ます軽し」とある。

（4）原文は「濯磨《たくま》振励」。宋の釈宝曇の「石頭城に登る」詩に「三山は砥《し》礪《れい》し水は濯磨し、万夫の相い望むは雕鶚《ちょうがく》に在り」とある。

（5）この上奏に対する「旨」は「該部に著して議奏せしむ。此れを欽《つつし》め」とあった。

尊経書院を創建する記

（1）礱石は墓碑。唐の皮日休の「鄙孝議下」に「所在の州鄙に、礱石は峨然たり。従りて来たる所を問うに、曰く、「至孝の有る也。盧墓三年、孝感もて瑞を至す。郡守は天子に聞《ぶん》し、天子は之がために旌表す」と」とある。書院の申請から完成までの三年を、記によって天子に伝えればよい、という勧め。

（2）膏火は、もとは膏油の灯火を指し、夜間の勉学につかう。宋元以来、書院・官学などでは在学生徒に発給する生活費をいい、家庭貧寒の士を資助した。その費用は主に膏火田（租を徴収して書院の支出にあてる田）、食田ともいう、からもたらされた。

（3）錦江書院は、康熙四十三年、四川按察使の劉徳芳により成都に建立。膏火は、正課生は月ごとに米一・五斗、銀一・五両を給付、附課生はその半分、外課生はない。

（4）「学海堂集」は、広州の学海堂の学生の優秀な答案の選集で、すべて四集。「初集」は十五巻、阮元の輯、附一巻は何南鈺の選、道光五年に成る。「二集」は二十二巻、銭儀吉の選、呉蘭修の編校、道光十八年に成る。「三集」は二十四巻、張維屏の選、咸豊九年に成る。ここまでの三集に、張之洞は言及する。さらに「四集」は二十八巻、陳澧の選、未完で没し、金錫齢が続成、光緒十二年に刊行。

（5）「詁経精舎文集」は、杭州の詁経精舎の学生の優秀な答案と主講者の程文の選集で、「初集」は十四巻、阮元の選輯、嘉慶六年に刻す。「続集」は八巻、羅文浚の選輯、道光二十二年に成る。「三集」は六巻、兪樾の選、同治年間に成る。ここまでの三編に、張之洞は言及。さらに光緒年間には「四集」十六巻、「五集」八巻、「六集」十二巻、「七集」十二巻、「八集」十二巻を刊行。

（6）「世説新語」簡傲《かんごう》篇に、晋の鍾会が嵆康を訪ねたときのこととして、会が立ち去るにあたり、康が「何の聞く所にして来たるや。何の見る所にして去るや」と聞くと、会は「聞く所を聞きて来たり、見る所を見て去る」と答えた、という。ここは、書院に入り、書院を去るにたとえる。

（7）いわゆる「郢書燕説」で、「韓非子」外儲説左上によれば、郢（楚国の都）の人が出した手紙の誤写を、燕（諸侯の国）の人が無理やり解読したという。そこから、牽強付会、原意曲解の意味になった。

（8）「孟子」尽心篇上に「舜の深山の中に居るや、木石と居り、鹿豕と遊び、其の深山の野人と異なる所以の者は幾《ほと》んど希なり。其の一善言を聞き、一善行を見るに及びて、江河の決するが若く、沛然として之を能く御する莫き也」とあり、氾濫する勢いはだれも止められないということ。

（9）魏の嵆康の「山巨源と絶交する書」に「野人に炙背《しゃはい》を快として芹子《きんし》を美《うま》しとする者有り、之を至尊に献ぜんと欲す。区区の意有りと雖も、亦た已に疏なり」とある。

（10）「湖学」は、宋の安定先生たる胡瑗が湖州で教えていたとき、経義と事務の両科に分け、弟子は数千人にまで達したといい、これを「湖学」と称する。

（11）原文は「夏楚」で、むかし学校で規則違反した学生に体罰をあたえる二種の用具。「礼記」学記篇に「夏・楚の二物は、其の威を収むる也」とあり、鄭玄の注に「夏は、梱也。楚は、荊也。二者は礼を犯す者を撲撻する所以なり」とある。

（12）官課は、「大課」ともいう。書院の試験は官課と師課の二大類に分かれ、官課は地方官が主宰する。師課は、「斎課」「館課」ともいい、山長（院長）が責任を持つ。毎月の初三日は官課、十八日は斎課をおこなう。

（13）「論語」為政篇に「子曰わく、学びて思わざれば則ち罔《くら》し、思いて学ばざれば則ち殆《あやう》し」とある。

（14）調院とは、四川省内の各州府の歳考で成績優秀な秀才に一定の比率で合格通知を出し、この尊経書院に編入すること。これは錦江書院やほかの官弁書院が学生を獲得する常套手段だった。

（15）塩道は、塩法道ともいい、一省の塩政を掌管する。清代では、塩運使を設置しない各省に設置した。あるいは各道の分巡使が兼務する。

解説

1

もう四十年以上前のことになるか、わたしが京都大学文学部の大学院生の終わりから京大人文研の助手だった時期にかけて、毎週の月曜日は、とても忙しかった。ある週は、隔週の午後に吉田の楽友会館で吉川幸次郎先生が若い学者を集めて杜甫の詩を読まれる小読杜会に参加し、その晩は、吉川先生の御指示で、やはり楽友会館で年配の学者を相手に杜甫の詩を読まれる大読杜会を傍聴した。

その翌週は、これも隔週だが、午後から、上賀茂の羽田記念館で、吉川先生がライフワークたる「杜甫詩注」を執筆されるにあたり、ささやかなお手伝いをした。その様子については、小文「羽田記念館から」（「吉川幸次郎全集」第二三巻月報）を参照されたい。たしか三時ごろだったか、管理人の村上さんが用意してくださるお茶を飲みながら、いつもわたしは先生にあれこれと質問したものである。その日もこんな質問をした。

「先生、中国の古典は難しくて、よくわからないことが多いんですけど、なにか読んだら古典がよくわかるような本はありませんか」

それに対して、先生はこういわれた。

「張之洞の「輶軒語」、あれはなかなかいい本ですよ。あれを読んだらどうですか」

先生はさらに、「この本も読んだら役に立ちますよ」といわれて、ご自身の編著たる「世界文学全集3　五経・論語」（筑摩書房、昭和四十五年九月五日刊）をくださった。この「五経・論語」はあとでパラパラ読んでみたが、「輶軒語」のご教示に対しては、わたしはそれから後も、けっきょく遂行する機会がなく、「輶軒語」を読むことをこの年までずっと怠けてきた。しかしこのご教示はずっとわたしの心中の奥底に沈んだまま、消えることはなかった。そしてこの年になって、このままではあの世で先生に会わせる顔がないと感じるようになり、この訳注を開始したわけである。

先生の「輶軒語」へのご関心は、エッセー「海山仙館叢書」（「吉川幸次郎全集」第二二巻）

にも、

清末の名臣張之洞の学問指南の書「輶軒語」に、よい位な本を書くよりも、人の本を刊行せよ、刻書は著書にまさると、力説するのは、こうした風潮への警告でもあろう。

とあることでわかる。がそれとともに注意すべきは、京大中哲の先輩たる小島祐（馬）氏が「点乙」し、京都の彙文堂書店から大正四年十二月に刊行した「輶軒語附勧学篇鈔」だろう。これは「輶軒語」の序・第一・第二・第三、および「勧学篇」の守約・宗経二篇に訓点をほどこしたもので、おそらく先生もお読みになっていたと思う。

それはともかく、著者張之洞本人も、光緒二年閏五月、王懿栄に宛てた「王廉生に与う」では「「輶軒語」一本、説は更に浅陋なるも、亦た一覧に呈す。此れは真に是れ告示・公牘と一例の物事、本より大雅の堂に登るに足らず。執事を使て弟が此れに在りて精を労し神を弊し、舌は敝れ唇は焦げ、大率は皆な此等の事を為すを知らしめんと欲するに過ぎず」と述べるものの、この本の内容には、「書目答問」ともども自信を持っていたようで、その回想録「抱冰堂弟子記」（「張文襄公全集」巻二百二十八）には、

一、四川の提学に任ぜし時、「輶軒語」二巻、「書目答問」四巻を撰し以って士を教う。宗

旨は純備、学術の源流門径に於いて、開示すること詳明、学ぶ者の読書をして、即ち師を得る可くせしむ。

とある。また、外部の評価も高く、その代表として民国の周作人のエッセー「輶軒語」(「実報」民国二十八年三月三十一日、のちに「書房一角」)をあげよう。

往時、張之洞著「輶軒語」を目にしたが、その名があまりにも陳腐なのを嫌い、一度も閲覧しなかった。丁丑(民国二十六年)の旧上元の日(旧暦一月十五日)に廠甸《チヤンデイエン》に遊び、湖北重刊本(光緒二十一年の湖北官書処重刊本)を見て、安値で一冊買って帰り、これを読んでみると、平実にして創新でもあり、どうして直接に「発落語」と称して人の誤解を避けることをしなかったのか、わからない。「復堂日記」(清の譚献、字は仲修、号は復堂、浙江仁和の人、の著)巻三、庚辰の年(光緒六年)に、「輶軒語を閲するに、高きを窮め深きを極むるを必せず、一字千金為るを要す」という一条があり、知言といえる(なお、「復堂日記補録」巻二、光緒十五年六月十三日にも「「輶軒語」を閲するに、真に千金一字に当る可し」とある)。六十年来、世事は改変したが、更新された学術指南書で、平易誠実なことがこれに匹敵するものはけっきょく現れていない。これを思えば感慨を増す。張氏は神霊果報・「陰騭文」・「感応篇」・文昌魁星の諸事を言うのを喜ばぬが、この一節だけでも、読書人の中ではすでに大いに得難いもので、この著のわが意にかなうのも、正にこの故である。その「学を語る（第二）」「文を語る（第三）」のごときはもとより理にせまり情に近い言に富むが、やはり二の次である。近ごろいつも「閲微草堂筆記《えつびそうどう》」（清の紀昀の著）を称賛する者がおり、賢者も免れぬようだが、わが意としてはまったくそうは思わない。紀氏の文筆はもとよりすこぶる清浄だが、ただその狐鬼を借りて説教するのは、教訓とするに足りない。かえってその著「我法集」のまだ無害なのを読むに及ばない。わたしが張《ちよう》香濤《こうとう》を称賛するのは、意識下に紀暁嵐《きぎようらん》がいるのであり、だからここで紀氏に言及するのである。二人はどちらも京南の人であり、どちらもすこぶる見識があるのに、この相違がある。現今の学子は「輶軒語」を一読するのがよろしい。「閲微草堂」は知識不足の少年の読むべきものではないのである。

ここで周作人は、経心書院山長で「経心書院集」の編者、また安徽全椒知県のときには「書院の課芸を月評し、俗を黜《しりぞ》け雅を崇び、諄示《とうと》するに学を為すの門径を以ってし、弁びに張氏の輶軒語を勘梓して諸生に頒給し、士は向学を知る」ことになった譚献の言を引きながら、この書が優れた「学術指南書」だと規定する。この見方は張氏の門生や幕僚も同様で、著名な教育者であり、張氏も「才識開通、学問淵博、貫串《かんせん》して遺す無く、洵《まこ》とに傑出為り」と評した陳慶年は「南皮の学問文章は、師表と為すに足る。余は「輶軒語」「書目答問」を読みて後、奉じて指南と為す」という。

またかの梁啓超は光緒二十二年の「南皮の張尚書に上る書」(「飲冰室合集」文集第一冊、上海中華書局)の冒頭において「啓超は郷曲の陋学なり。十三以後、吾が師が士を訓《おし》うるの書を読むを得て、天地の間に学問の一事有るを知れり。稍や長じて、学海に肄業し、猥りに文字を以って奨飾を受け、自から望に非ざるを喜べり。己丑(光緒十五年)の試事にて、幸いにも弟子の籍に列するを得たり」と述べる。「十三以後」といえば、光緒十一年、梁氏が広州の学海堂に入った年齢であり、ここでいう「吾が師」張氏の「訓士」の書とは、「輶軒語」「書目答問」に他ならない。

また、陳声暨編「侯官陳石遺先生年譜」巻一、同治十三年二月によれば、陳衍は福州の致用書院で科挙の勉強に励んでいたときの福建の学風の変化を、こう回想する、「道咸以来、読書人は時文に専力し、実学を治むるは罕《まれ》なること、福州は尤も甚だし。張広雅尚書〔之洞〕の「輶軒語」「書目答問」の出でて自《よ》り、而して後人は読書の門径を知る」と。

また、貴州按察使などをつとめた李元度は、「輶軒語」「書目答問」光緒三年濠上書斎重刊本の序で、「(張氏は)楚北を督学せし時、「江漢炳霊集」を輯して、経を経とし史を緯とし、独り生面を開き、風会は之が為に丕変す。西川に立隷するに及び、「輶軒語」を作り、士に訓うるに行を先にして文を後にせしむ。又た業を請う者衆《おお》きに因りて、「書目答問」を為し、其の部分けは「四庫書」を眂《み》て稍や之を変遷し、兼ねて善本を校鍥するに及ぶ。而して当代著述家の源流派別も、亦た其の尤なるを条挙し、語は皆な心得、一字として前人を襲うは無し。尤も門戸の見を存せず、偏激過高の論を為さず、洵となるかな其の択の精なる、語の詳なるは。豈に曖曖《あいあい》姝姝《まいまい》として一先生の言を守り、以って己れを専らにし自足する者と埒《ひと》しからん哉《や》」と評する。

また、江西巡撫の李文敏は「輶軒語」光緒八年江西書局聚珍本の序で、この書は「行誼文学に於いて縷析条分し、示すに准則を以ってし、其の瑕疵《かし》を論じて、諄諄と告戒し、懇摯に詳尽し、洵とに迷いを導くの宝筏、病いを治すの良薬也。是の書は久しく已に刊布され、学者は奉じて圭臬《けいげつ》と為す。因りて思うに吾が部の西江人士は学に向かうもの良《まこ》とに多し、而るに郷曲僻処にして未まだ学中の門径を知らざる者は、要するに亦た鮮きに匪ず。……士林は以って家に一編を置き、尋繹講求《じんえきこうきゅう》する可きに庶幾《ちか》し」と述べる。

また、現代の代表的な考証学者たる張舜徽氏も「愛晩廬随筆」（華中師範大学出版社、二〇〇五）において「近世の達官巨人の言論にして、学士書生に影響すること最大なる者は、厥れ惟だ曽国藩・張之洞の両家のみ。学術を弁章し、学者に暁すに従入の途を以ってするに至りては、則ち張之洞為す所の「輶軒語」「書目答問」の影響最大なり」と表彰する。

そしてまた、この書を科挙受験に役立つ実用参考書、「挙業指南」の書とするものも、もちろんあり、たとえば上海の書商たる葛元煦は、「輶軒語」光緒四年嘯園本の跋で、「今此の巻を観るに、其の士を教うるに方有り、衡文の任に愧じざるを知る。挙凡の帖括を習い科名を求むる者は、誠に能く是に則り是に効わば、金紫を取ること芥を拾うに同じならざらん哉《や》」と述べ、この書の指示どおりに学習すれば、たやすく科挙合格できるという。さらに携帯に便利なように、「余は更に原板を将《も》って之を縮小し、舟車中に翻閲に易からしむ」、袖珍版を出したのである。

ところで、この「輶軒語」という書名は、もちろん漢の揚雄にもとづくだろうが、「輶軒」が学政を意味することは、先例があり、嘉慶三年、阮元が浙江の学政の任にあったとき、「十一郡の本朝已故名人の詩を裒集《ほうしゅう》」して「両浙輶軒録」を編んだ。その序では「余は浙に督学し、輶軒に乗りて風を采る」という。

また、沈曽植は司空公沈維鐈が「道光（五年）乙酉科」福建明経科を監督したおり、「輶軒鼓吹集」四巻を刊行したと記す（「海日楼群書題跋」巻二）。

2

ここからは、著者たる張氏について述べよう。張之洞（道光十七年、一八三七―宣統元年、一九〇九）、字は孝達、号は香濤、別号は抱冰、謚は文襄。清末洋務派の代表人物である。かれの家は代代官僚を出し、曽祖父張怡熊、祖父張廷琛は知県、父張鍈は道尹。また、唐の名宰相張九齢の弟張九皐の三十九代孫といわれる。

かれは道光十七年九月、張鍈の四男として、知府たる父の任地貴州興義府（今の貴州省安龍県）の官舎で生まれた。母の朱氏は、邛州《きょう》（今の四川省邛崍県）知県朱紹恩の娘。祖籍は直隷南皮（今の河北省南皮県）であり、周作人のいう「京南」、つまり首都北京の南にあたる。

幼年より聡明で、五歳にして家塾に入り、厳格な儒教教育を受けた。かれを教えた教師で、とくに影響をあたえたのは、丁誦先・韓超である。十三歳になる前、すでに四書五経などの儒家経典を学び終え、かつ史学・小学・文学などを自習し、「孫子兵法」「六韜《りくとう》」などの兵学書を自学した。かつ十一歳で「半山亭の記」を著し、その名は貴州中に広まった。十二歳で「天香閣十二齢草」と題する詩文集を刊行した。

道光三十年（一八五〇）、十三歳、原籍の南皮に帰り県試に応募、第一名秀才を獲得し、県学に入った。二年後、順天府郷試に第一名（解元）で合格し、会試に参加する資格を得た。このように順風満帆に来たかれは、しかし意外にも、この後の十一年間、試験に参加しなかったのである。というのは、前の数年は父の軍務を助け、貴州の苗民反乱に対応し、また貴州都匀府の石煦の娘石氏と結婚し長男仁権が生まれたことや、咸豊六年（一八五六）からは貴東道道尹の任にあった父の死により喪に服すしかなかったからである。二十三歳になって会試に応募しようとしたが、族兄の詹事府詹事だった張之万が同考官だったので、回避せざるをえず、翌年恩科の会試に応募しようとしたが、同様の原因で受験できなかった。

そして同治二年（一八六三）、二十七歳、かれはやっと会試・殿試に参加し、一甲第三名（探花）で進士に及第、翰林院に入って七品の編修を授かり、以後四十六年におよぶ役人生活がはじまったのである。

同治五年（一八六六）、三十歳、翰林・詹事の昇級試験たる大考（翰林院では侍講学士以下、編修・検討以上が受ける。数年ごとに臨時で行われ、仮病や休暇での不受は許されない）では、答案の一字を脱していたため二等第三十二名になり、以後は翰林院から外地に出た。同治六年、浙江郷試の副考官、湖北学政となり、経心書院を創立。そして、同治十二年（一八七三）六月、三十七歳、四川郷試の副考官（主考官は鍾宝華、咸豊六年の進士）となり、十月、四川学政となった。かれは母朱氏の郷里でもあり、思い入れも強かったろうこの四川の学政の任にあった光緒元年（一八七五）、四川総督の呉棠とともに成都に尊経学院を建立し、かつ学院の学生のための手引きとして「輶軒語」「書目答問」を撰写したのである。

光緒二年、かれは四川を離れて中央にもどり、光緒六年、翰林院侍読、右春坊右庶子などについたのち、光緒七年、四十五歳、翰林院侍講学士、内閣学士になり、十一月には山西巡撫を補授された。光緒十年、両広総督（広州）に昇進したが、その時、清仏戦争が勃発すると、馮子材を用い、広西の辺境で仏軍を破った。また広東水陸師学堂・礦務局を設立し、かつ広雅書院を建立、自強をはかった。

光緒十五年、湖広総督（武漢）に移ると、漢陽鉄廠と湖北槍炮廠を開き、織布・紡紗・繅《そう》糸《し》・制麻の四局を設置し、両湖書院を創立、蘆漢鉄路を通した。光緒二十年（一八九四）、日清戦争が起こったときは両江総督兼江寧将軍（南京）で、長江の防備を巡閲し、新式の大砲を購入、洋式炮台を築き、江南自強軍を練成し、武備・農工商・鉄路・方言・軍医の学堂を設置した。科挙の改革を主張し、「下関条約」の締結に反対した。

光緒二十一年、北京・上海の強学会に名を列ねたが、のちには上海強学会と「強学報」の査禁を後押しし、また湖広総督の任にもどった。光緒二十四年（一八九八）、福沢諭吉の「学問のすゝめ」（明治十三年、一八八〇、全十七篇、漢訳名は「勧学篇」）と併称される「勧学篇」全二十四篇を著し、「旧学を体と為し、新学を用と為す」ことを提示した。

光緒二十五年、義和団事件が起こると、両江総督の劉坤一らと「東南互保」を提唱し、反洋教と自立軍の反乱を鎮圧した。二十七年、劉坤一とともに変法三疏を奏上し、多く採用された。翌年、督弁商務大臣に充てられ、両江総督の肩書をもらった。二十九年、経済特科閲巻大臣に任ぜられ、大学堂章程を定めた。三十二年（一九〇六）、官は協弁大学士に進み、体仁閣大学士に至り、さらに軍機大臣を授かり、かねて学部を管理した。のちには督弁粤漢鉄路となり、実録館総裁官に充てられた。宣統元年、死去。享年は七十三。「張文襄公全集」二百二十九巻がある。

3

「輶軒語」の著述完成は、張之洞の序にもいうごとく、光緒元年（一八七五）乙亥、日本では明治八年、の春の尊経書院の開学からほどなくのことだろうが、その翌年、尊経書院が「書目答問」とともに合刻出版すると、すぐさま四川省全体の書院にひろがり、さらには光緒帝の三十四年間で、南部を主とする中国全土へと拡大していった。まさに「海内に流伝し、人は一編を手にするに幾《ちか》し」という形容があてはまる。なお、ここからは主に陳浩氏の論文「「輶軒語」の学規属性及び書院伝播」（「大学教育科学」二〇二一年六期）によりつつ、「輶軒語」の伝播状況を述べることにする。その伝播には四つのルートがあるという。

第一は、親戚・友人による伝播。光緒二年、張氏は、湖北の崇文書局を主宰し、かつて自編の「江漢炳霊集」を刊行してくれた胡鳳丹に「輶軒語」を寄贈した。受け取った胡氏は「鄂《がく》（湖北）は固より太史（張氏）の旧日に衡を持しし邦也。士林は親炙を獲ざるを以って憾《うら》みと為す。今家に一編を置くを得て、明師に対するが如し。鄂の士習・文風は、更に蒸蒸として日に上らざらん哉《や》」と思い、みずからも刊行した。それは、「学士に分餉し、以って嘉恵を広くす」ることとなった。

光緒四年、張氏の三兄の張之淵、字は蓉江、は観察使として、「輶軒語」写定本の原刻版を携帯して湖北の任地におもむいた。湖北巡撫の潘霨《はんい》（呉県の人）は「鄂中の翻雕は遠く初本に遜《おと》る」つまり胡氏の重刊本は原刻本よりはるかに劣る、と思っていたので、贈られたこの原刻版で「書目答問」ともども重刊した。

第二は、門生による伝播。光緒三年、張氏の「高第弟子」たる李佑臣は華容県学の教諭におもむくにあたり、「輶軒語」を重刊し、「以って諸《こ》れを天下後世に公けにし」、おもに湖南省に伝播した。それは湖南平江の人李元度が序文で「余は孝廉（つまり佑臣）が能く其の師説を伝うるを嘉《よみ》す」ということである。なお、余談だが、この重刊本の二十年後にやはり湖南の新化県の三味堂から重刊された「重刻輶軒語」は、大阪大学の「懐徳堂文庫」に西村天囚旧蔵として所蔵されている。

　光緒五年、張氏が浙江郷試の副考官だったときの受験生で、「向《さき》に先生の門より出で、雅に師訓を聆《き》き、服膺して失わ弗《ざ》る」黄岩の王詠霓《おうえいげい》、字は旄甫、は台州知府の成邦幹の支持のもと、浙江でも「輶軒語」を「書目答問」とともども重刊し、「以って多士に餉」した。

　同年、張氏の尊経書院での親炙弟子たる王秉恩は、師から授読を賜った「輶軒語」写定本を携えて貴陽に帰り、陳文珊の資助のもと、重刻印行し、かつ「尊経書院記」を後に附した。また「輶軒語」定本が門人の分録で、輾転迻《てんてんい》写《しゃ》され、差異があることを知り、みずから「巻弟傎到」「板本脱漏」「名氏舛訛」などに対して校勘と補正を行った。ゆえにこの本は善本と称される。

　第三は、学官の刊印による伝播。光緒十九年、福建学政の王錫蕃は「輶軒語」を福建学署から重刊したが、その序には「錫蕃は向に嘗って是の編に心儀す。本年恭しく恩命を承け、学を閩中に視る。自ずから惟うらく、檮昧《とうまい》寡聞、多士の為に裨益す可きもの無し、而《しか》るも諸生の書を読み品を立つを願うは、正に尚書（張氏）の蜀士に望む者と窃かに同心有りと。爰《ここ》に是の語を重刻し、生童に発落する時に於いて、之を分授す」とある。

光緒二十一年、陝西学政の趙維熙も増訂本「輶軒語」を陝西学署から刊行したが、その序には「使者（趙氏）は其（陝西）の風気の純にして、与《とも》に成す有る可きを楽《よろ》こぶ也。爰に先生（張氏）の蜀人に恵まるる所以の者を取り、以って秦人に餉す。間《ま》ま鄙見の及ぶ所、此の邦の士習に於いて匡正する所有る者を以って、即ち各条の末に増注す」とある。

また同年、貴州学政の任についた厳修も貴陽使署から「輶軒語」を重刊したが、その序には「去年秋、吾が友たる永清の朱孝廉槐之は是の書を以って詒《おく》られ、読みて之を好む。既に使命を奉ずるや、携え以って自随す。黔《けん》（貴州）に抵《つ》きし後、工に付して写刻し、復た校すること一過せば、則ち原書の訛舛《かせん》は甚だ多く、乃ち引く所の書目を視、諸れを坊肆に借りて之を校改す。書は具うる能わず、故に未だ尽とくは改む能わざる也」とある。

また、厳氏は自ら制定した貴陽の学古書院の学規に「輶軒語」の「書を買うに吝《お》しむ勿かれ。衣を節し食を縮むとも、猶お当に之を為すべし」を引き、諸生がみずから「専門切用の書」を購入することを奨励する。

また、観察使の袁昶は自ら定めた安徽蕪湖の中江書院の学規で、「学術を言うは輶軒語より善きは莫し」「百家を整斉し、門目を分析し、人人をして焉《こ》れを学びて各おの其の性の近き所を得さしむるは、則ち近出の輶軒語が最も簡明切要と為す」と述べる。

第四は、書商の販売宣伝。光緒二年に完成した「輶軒語」写定本は、その年の春には貴州にもたらされたようで、王秉恩の序には、「丙子春、「輶軒語」を以って詒らるる者有り。貴竹の石君雨農は先に三千冊を梓行し、一時に持ち去りて罄《すつか》り各《おの》おの尽く」という。石雨農は貴州の書商だろう。

さらに印刷・宣伝の発達した上海では、光緒四年、葛元煦の刊行した嘯園書局本は上海の「申報」に広告を出し、宣伝した。定価は一角八分。

光緒七年、上海の望益山房書局も「輶軒語」を刊行し、やはり「申報」に売り出し広告を出したが、定価はすでに五角に跳ね上がっていた。

上海の報刊界の人士は「家に其の書有るに至って、輦下の書直は之が為に奇漲す。厰肆書賈は、悉とく南皮の徳を頌して置かず、亦た其の勢力の偉大を見る可し」と称したという。

さらには、「輶軒語」普及の余波として、光緒二十四年（一八九八）、湖南学政の徐仁鋳は「輶軒今語」を撰して湖南の士子に示し、「南皮尚書は前著に「輶軒語」有りて、分類発明し、学士を啓悟し、其の勤むること至れり。輒《すなわ》ち其の例に仿《なら》い、撰して輶軒今語と為す」というが、これは形式上の摸倣にとどまり、その「維新」に傾く思想は「輶軒語」の「衛道」と全く合わないものだった。

さて、この訳注に用いたテクストは、「張文襄公全集」第四冊（中国書店、一九九〇）に影印された民国十七年刊本の巻二百四、二百五だが、序、巻一から巻六までしかないので、巻七は「張之洞全集」第十二冊（武漢出版社、二〇〇八）、「張之洞全集」第十二冊（河北人民出版社、一九九八）の巻二百七十二、二百七十三を用いた。

なお、この書のおそらく唯一の注釈書としては、司馬朝軍撰「輶軒語詳注」（華東師範大学出版社、二〇一〇）があるが、わかりきった辞書をひけば済むようなことには不必要に「詳注」で、こちらが知りたいことにはほぼ「無注」、誤読も多く、残念ながらあまり役に立つものでなかった。

4

ここで、これも「輶軒語」の余波といえる「学堂歌」を紹介しておこう。「輶軒語」の刊行から三十年ほどたった光緒三十年（一九〇四）十二月、当時は湖広総督の任にあった張之洞が「其（学堂の学生）の忠愛の忱を感発し、其の自強の志を鼓励す」るために、外国の学堂や中国の古風を取り入れつつ、みずから作詞して、唱歌するよう湖北省全体の学堂・軍営に発布したものである。すべて十三段に分かれる。まず第一段をあげよう。

天地泰　日月光　天地は泰らぎ、日月は光《かがや》く
聴我唱歌贊學堂　我が唱歌して学堂を賛うるを聴け
聖天子　圖自强　聖なる天子は、自強を図り
除去興學無別方　興学を除去しては別方無し

敎體育　第一椿
衞生先使民强壯
敎德育　先蒙養
人人愛國民善良
孝父母　尊君上
更須公德聯四方
致智育　開愚氓
普通知識破天荒
物理透　技藝長
方知謀生幷保邦

体育を教ぅるは、第一椿
生を衛り先に民を使て強壮ならしむ
徳育を教ぅるは、先に蒙養（児童教育）す
人人　国を愛し　民は善良
父母に孝に、君上を尊び
更に須らく公徳もて四方に聯《つら》なるべし
智育を致し、愚氓を開き
知識を普通し天荒を破る
物理は透り、技芸は長じ
方めて知る　生を謀り幷せて邦を保つを

ついでは、「輶軒語」からかなり進んだ「学」を語る第五段をあげよう。

說科學　須兼長
一日六鐘幷不忙
讀五經　誦勿忘
先講大義後精詳

科学を説く、須らく兼ね長ずべし
一日六鐘　幷《けっ》して忙しからず
五経を読み　誦して忘るる勿かれ
先に大義を講じ後に精詳なれ

修身學　重倫常
孝弟愛衆尊師長
歴史學　知已往
世界變遷弱變强
地理學　先本鄉
由近及遠分方向
中國外　有列强
勿學井蛙拘坳堂
算數學　簡為上
比例代數捷非常
八綫表　不用想
能通幾何包九章
博物學　窮天壤
衞生益智心開朗
理化學　原質詳
配合制造通陰陽
辨炭酸　分硫養

修身学は、倫常を重んず
孝弟にして衆を愛し師長を尊ぶ
歴史学は、已往を知る
世界は変遷して弱は強に変ず
地理学は、本郷を先にす
近き由り遠きに及びて方向を分かつ
中国の外には、列強有り
学ぶ勿かれ　井蛙の坳堂に拘るを
算数学は、簡を上と為す
比例代数は捷《はや》きこと常に非ず
八線表（幾何学中の比例関係を表す）は、想うを用いず
能く幾何に通じて九章（算術）を包む
博物学は、天壌を窮む
生を衛り智を益して心は開朗たり
理化学は、原質詳し
制造に配合して陰陽に通ず
炭酸を弁じ、硫養を分かつ

火藥全仗硝磺錏
電鑛氣　力聲光
理化門門有專長
圖畫學　摹物狀
先用毛筆後尺量
政法學　治國方
後生淺學莫躁妄
陸軍學　分兩堂
戰術計畫戒鹵莽
溝壘速　地形相
火器測準馬善養
體操學　關衰旺
人人勝兵其國昌
小學略　中學詳
外國語文習一様
高等學　通兩邦
師範須明教育方

火薬は全て硝磺（硫黄）錏（金）に仗《よ》る
電鉱の気は、力と声と光
理化は門門　専長有り
図画学は、物状を摹す
先に毛筆を用い後に尺量す
政法学は、国を治むる方
後生浅学は躁妄する莫かれ
陸軍学は、両堂に分かつ
戦術計画は鹵莽を戒む
溝塁は速《まね》く、地の形相
火器は測ること準にして馬は善く養う
体操学は、衰旺に関す
人人は兵に勝《た》え其の国は昌んなり
小学は略し、中学は詳し
外国語文は習うこと一様なり
高等の学は、両邦に通ず
師範は須らく教育の方を明らかにすべし

實業學　農工商
謀生有術國力强
方言學　少勝長
專備交涉使四方
大學内　分八項
專門經濟佐廟堂
通儒院　精思想
新理著書勝列邦
識字多　有理想
不入小學如聾盲
小學成　知識亮
改業謀生弁無妨
學國文　文理暢
方解經史古文章
學英文　用處廣
英國商務遍華洋
學日文　近我邦

実業学は、農工商
生を謀るに術有り　国力強し
方言学は、少《わか》きが長ずるに勝る
専ら交渉し四方に使いするに備う
大学内は、八項に分かつ
経済を専門にして廟堂を佐《たす》く
通儒院は、思想に精《くわ》し
新理の著書は列邦に勝る
字を識ること多ければ、理想有り
小学に入らずんば聾盲の如し
小学成り、知識亮らかなれば
業を改め生を謀るは弁《けつ》して妨げ無し
国文を学ばば、文理暢び
方めて経史の古文章を解す
英文を学ばば、用処広く
英国の商務は華・洋に遍し
日文を学ばば、我が邦に近く

轉譯西書供采訪　西書を転訳して采訪に供す
學法文　各國尚　法文（仏語）を学ばば、各国尚び
条約公牘須磋商　条約公牘は須らく磋商すべし
學德文　武備詳　徳文（独語）を学ばば、武備詳しく
專門字義皆確當　専門の字義は皆な確当なり
學俄文　交界長　俄文（露語）を学ばば、交界長く
敎習雖難也須講　教習は難しと雖も須らく講ずべし
蠟丁文　古義藏　蠟丁文（ラテン語）は、古義蔵《ひそ》み
隨意學習不勉强　随意に学習して勉強（無理強い）せず

ついでは、最後の第十三段をあげよう。

衆同學　齊奮往　衆くの同学は、斉しく奮往し
造成楚材皆賢良　楚材を造成して皆な賢良なり
文善謀　武知方　文は善く謀り、武は方を知る
學中皆是國棟梁　学中は皆な是れ国の棟梁
荀卿子　歌成相　荀卿子は、成相を歌う（『荀子』成相篇。六句一章）

此歌勸學略摹仿　　此の歌（学堂歌）は学を勧め略ぼ摹仿す
中國盛　聖教光　　中国は盛んにして、聖教は光《かがや》く
黄種尊貴日蕃昌　　黄種は尊貴にして日び蕃昌す
上孝慈　下忠良　　上は孝慈にして、下は忠良なり
萬年有道戴吾皇　　万年　道有りて吾が皇を戴く

一読してわかるとおり、三・三・七のリズムと第二・三句の押韻からなる三句の連続は、本来唱歌のためとはいえ、いまの北京音で朗読しても耳に心地よく、詩歌の実作者たる張之洞の実力を遺憾なく発揮したものといってよい。

5

最後に、附録した文章について述べよう。

○「書目答問略例」

「書目答問」は、張之洞が治学の門径を指導した挙要目録で、五巻、光緒二年に「輶軒語」とセットにして尊経書院から刊行された。この書は「四庫全書」にみえる伝統的な四部分類を継承発展させ、あるいは邵懿辰《しょういしん》の「四庫簡明目録標注」を参考にして、著録する二千二百余種

の書籍を経・史・子・集・叢書の五部に分け、どの部も若干の類に分ける。ただ、儒教のもとにある科挙の受験生に役立つことを考慮して、小説・戯曲は全く収録せず、「四庫全書」禁毀書も取りあげない。なお、この「答問」は当時張氏の幕僚だった繆荃孫《びゅうせんそん》の代作とする説もあるが、繆氏みずから「随同して助理す」というごとく、張氏の定めた枠組みに沿って記述を補充した助手にすぎない。

この「略例」は、張氏みずから「答問」編撰の意図を簡潔に述べており、「輶軒語」と補完しあう関係であることを示していよう。また、張氏は光緒二年閏五月、「答問」審訂者たる王懿栄に宛てた書信「王廉生に与う」(「張之洞全集」巻二百八十二)でも、編纂中の意図を述べていう、

弟は此こに在りて「書目」一巻を刊し、以って生童に示す。意は見聞を開拡す、一、門径を指示す、二、良楛《りょうく》を分別す、三、其の去取分類、及び偶たま注記を加うるは、頗る深意有り、即是《たとえ》無数の語言なりとも、僅かに止だ一書単を開くのみには非ざる也。更に深意有り、人の此こに列せる所の各書の精美なるを知りて、之を重刻或は訪刻せんことを欲す。

それで、とくに「学を語る　第二」に付した注釈では、できるかぎり、この「答問」から引くことにした。

また、先の周作人のエッセーでも引用していた学者・詩人たる譚献の「復堂日記」巻四、光緒四年戊寅には次の一条がある。

南皮の張薌濤先生は、予の挙主也。蜀中に視学し、「書目答問」を撰するは、学海の津梁・書肆の楬櫫《けっちょ》（立て札）と謂う可し。固より今日の一大師なるに、尚お闕を補い遺を拾わんと欲す。抑そも亦た弟子職なる耶《か》。（「管子」弟子職篇で、教育を論じ、「先生は教えを施し、弟子は是れに則る」ではじまる）

「答問」のテクストは、「張文襄公全集」第四冊、巻二百六から二百九に収める民国十七年刊の影印を用いた。

○「整頓試場積弊折」

「折」は奏折・折子のことで、上官に奏上する、折りたたんだ冊子。ここは皇太后（西太后）・皇上（光緒帝）に宛てている。この「折」は、もとは光緒二年五月十二日に「京報」に載ったもの。原標の時間は、光緒二年三月。その内容は、張氏が四川学政に就任してより一年半ほどたった時点で、かれが見聞した四川郷試のおびただしい不正・腐敗と、その解決策である。テクストは、「張之洞全集」（武漢出版社）第一冊、「張之洞全集」（河北人民出版社）第一冊の巻一を用いた。

○「創建尊経書院記」

四川学政の張之洞が四川総督の呉棠とはかって尊経書院を創建したのは、光緒二年春のことだが、省内の高材生を選び取って修学させ、みずからカリキュラムを定め、人材を多く養成した。のちの四川総督趙爾巽の「已故の大学士は学を興し材を育くみ、成効は卓著たり、史館に宣付されんことを請う折」には四川籍の紳士伍肇齢らの評価を引いているが、それによれば張氏が尊経書院を創建した功績は、「総督と会商」した、「名儒を延聘」した、「章程を手訂」した、「庋蔵《きぞう》を拡大」した、「書局を開設」したの五条に帰納できるとする。

ここでいう「章程」は、いま残っていない。しかし張氏が任を終えて京にもどる途中で後任の四川学政譚宗浚に宛てた書信「譚叔裕に致す」（「張文襄公全集」巻二百十四）では、尊経書院について「今日略《ほ》ぼ規模有るも、未だ堅定には臻《いた》らず。章程・学規は具さに精鑑に在り」と述べ、「章程は稿の案に存する有り。書院記は即ち学規なり」と注する。つまり、学校条規はこの光緒二年十一月に撰した「尊経書院記」だというのである。これは、杭州で詁経精舎、広州で学海堂を創建した阮元が、学規として「詁経精舎記」を撰したことにならうものかもしれない。

また、この「書院記」は「輶軒語」「書目答問」のダイジェストともいえるのである。「書院記」では「使者の撰する所の「輶軒語」「書目答問」は之を言えり。猶お其の繁なるを恐れて、更に之を約言す」という。もともと「輶軒語」「書目答問」の両書は、この尊経書院の生徒の学習のために編写されたものだった。

また、譚宗浚に宛てたべつの「譚叔裕に致す」では、楊鋭（緜竹《めんちく》の学生）・廖登廷（井研の学生。のちの廖平）・張祥齢（漢州の学生）・彭毓嵩《ほういくすう》（宜賓の学生）・毛瀚豊（仁寿の学生）という「時文・詩賦は兼ねて工み」な書院に録取した「五少年」を、かれに推薦する。

また、光緒二年九月、まだ任満ちて京に帰る前、張之洞は「俸を捐てて四部数千巻を置き、尊経閣を起てて之を庋《お》く」、つまり尊経書院のために給料を寄付して数千巻の書籍を購入し、収蔵用の建物を建ててそこに置いたことは、上の「庋蔵を拡大す」に対応するもので、忘れてはならない。

テクストは、「張文襄公全集」第四冊、巻二百十三、民国十七年刊本の影印を用いた。

なお、〔　〕内の記述は張之洞氏の原注であり、（　）内は訳注者深澤一幸の補注である。

ところで、今年、わたしはたまたま七十六歳、吉川先生がお亡くなりになった年齢と同じになった。この年にこの「輶軒語」の訳注をなんとかやりおえたのは、わたしにとっては先生からいただいた宿題を片付けた気分であり、ほっとしている。

ただ、もうひとつ、先生の宿題がある。ある時、先生は、清の銭儀吉が後金の天命から清朝嘉慶にいたる二百年あまりの人物二千人あまりの碑伝を集めた「碑伝集」百六十巻について、「あれもぜひ読むように。もし全巻に点を打ってきたら、褒美に（四条河原町の）高島屋の中国飯店で夕食を御馳走してやろう」と言ってくださった。そこでとりあえず、台湾で影印された「碑伝集」を買い込んだものの、雑事にまぎれて、いまだに手を付けていない。この分では、残念ながら、もう先生の御馳走にありつくことは難しいだろう。

ここで本書の整理にご尽力いただいた平凡社編集部の進藤倫太郎さんに御礼を申し上げたい。

二〇二五年三月七日　五月山西麓の看芍薬斎にて

深澤一幸《ふかざわかずゆき》

1949年京都市生まれ。京都大学大学院文学研究科博士課程単位取得退学。元大阪大学大学院言語文化研究科教授。専攻、中国言語文化。著書に『鑑賞 中国の古典19 唐詩三百首』(角川書店)、『唐詩選』(角川ソフィア文庫)、『詩海撈月——唐代宗教文学論集』(北京・中華書局)、『中国文学歳時記』(共編、同朋舎出版)、『達老時代へ——“老いの達人”へのいざない』(共著、ウェッジ選書)、訳書に『羅振玉自伝——集蓼編その他』(訳注、平凡社東洋文庫)、『魯迅全集14 書簡 I』(共訳、学習研究社)など。

輶軒語——清朝科挙受験指南　　東洋文庫924

2025年4月25日　初版第1刷発行

訳注者　深澤一幸

発行者　下中順平

印刷　株式会社東京印書館

製本　大口製本印刷株式会社

発行所　〒101-0051　東京都千代田区神田神保町3-29

株式会社　平凡社

電話　営業 03-3230-6573　ホームページ https://www.heibonsha.co.jp/

ISBN 978-4-582-80924-4